幸運を呼ぶ「ありがとう」のチカラ

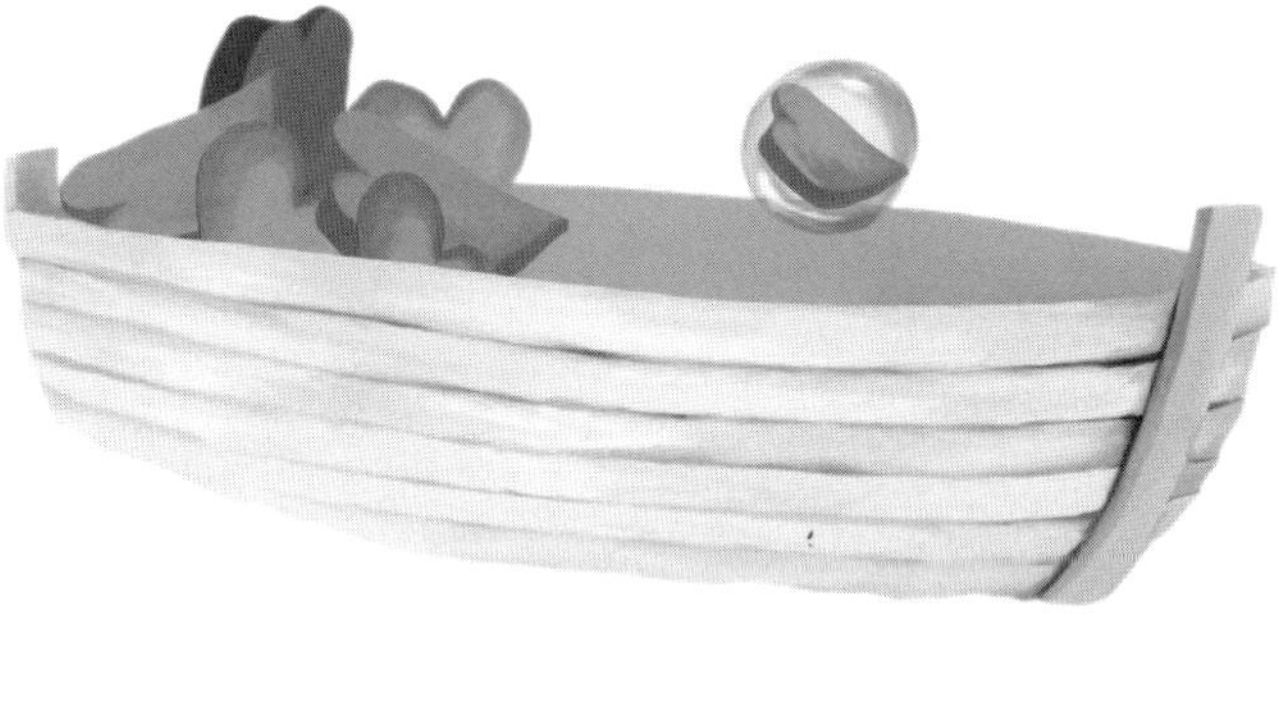

矢島《やじま》 実《みのる》

はじめに～「幸運」な人生を掴んでいただくために～

この本を手にとってくださった皆さん！

本当にありがとうございます。

こうして、皆さんとご縁が持てたことに心から感謝します。


この本で伝えたいことは大きく2つです。


「幸運」は待っているだけではなかなか掴めないこと。

「幸運」は気持ちや行動次第で誰にでも掴めること。


この2つのことを、本作を通じて知っていただきたいのです。

毎日治療家の仕事をしていると、いかに多くの人たちが病氣で苦しんでいるかを痛感します・・・。

しかし、人生はたとえ今が苦しくても、明るく楽しい毎日が過ごせるようになります。

それは、思ったより小さなきっかけから始まります。

例えば、今この本を手に取ってもらったこと。

あなたは今、自分の意志で何かを変えようと考えて動いています。

この意識が大切なのです。

どんな小さなことでも自分の意志で行動した時から、あなたの未来へのレールが、少しずつ、少しずつ、良い方向に向かって変化していきます。

それは昨日までの未来より、確実に良い未来へと変わっているということです。


この考えはただの持論ではなく、その根拠もあります。

私にとってこの本は3作目の著書となります。

実はこの本の内容は、10年前の2008年に出版して、改訂版を含め累計3万部のヒットとなった1作目の『「ありがとう」が幸運を呼ぶ!』のリニューアル版となります。

3万部以上が売れたということは、日本の人口1億2000万人のうちの4000人に1人が読んで下さった計算となります。

こんな私の書いた本を、日本中の4000人に1人の方が読んで下さったのです。

その全ての方々が「幸運」を掴めたかは定かではありませんが、「人生が変わった!」「幸運になりました!」といった嬉しい感想やハガキを山ほど頂きました。


しかし、時が経つと、情報は次第に古くなっていきます。

ただ、教科書に載っている歴史上の人物の格言と、最近本を出している著名人の言葉を比べてください。

意味はそう変わっていないと思いませんか？

そう、時代が変わっても物事の本質や真理は変わらないのです。

私の例ですと、1作目発売時の10年前の感想と、最近どこからか1作目を探しだして下さった読者さんからの感想がなぜかほぼ一緒なのです（笑）。

つまり、人の求めるものは時を経ても同じということなのでしょう。


今回タイトルを変更して、新作として出版した理由もそこにあります。

「私の本で一人でも困っている人、苦しんでいる人の手助けを今でもできている。

それならば、まだまだこの本は役に立てる、その使命を終えていない」

そう思って、リニューアル出版に踏み切りました。

もちろん、新しい内容を大幅に加筆し、古い内容を編集するなど吟味を重ね、ページも増量して、以前の本よりかなり充実の内容にしたつもりです。


さて、前置きが長くなりましたが、この本の内容についてお話させていただきます。


私は千葉県で治療家として毎日病氣と闘っています。

肩書としては、株式会社モミモミカンパニー代表取締役。癒しの治療空間「ａｑｕａ」代表。児童発達支援事業所「サンタクロース」グループ代表。一般社団法人発達改善支援協会代表理事・・・本業が何屋さんかわかりませんね（笑）。

他にも、極度の集中を必要とする際のメディカルスタッフなどもおこなっています。

たとえば、芸能人のコンサート前やオリンピック選手（最近ではリオデジャネイロ選手や東京オリンピック候補選手）の競技前の心のケアなどです。

病氣といえば、「体の病」を想像される方が多いのですが、昨今は特にこの「心の病」が取りざたされています。

実は私にもかつて「体と心の両方の病」で苦しんだ時期がありました。


私は小学5年生の時、「ネフローゼ」という腎臓の特定疾患にかかり、入院生活を余儀なくされました。

毎日毎日薬を飲んでいると、顔や体中がブクブクとムクんで、体がだるくてだるくてしかたありません。

いつ治るかもわからない病氣を前に、自分にできることは、一日一日カレンダーに×印をつけて消すことでした。

「あ～いつになったら退院できるんだろう」

看病に来る母の姿にも、疲れが感じられました。

3カ月ほどして、やっと退院できました。その帰り際に、「この病氣は一生治りません。」

と言われたことを今でも覚えています。

喜びの中、退院して学校に戻ると、仲間の笑顔や歓迎ではなく、「無視」というイジメが待っていました。机の上には、「バカ、アホ、死ね」と書いてあったり、塩が置いてありました・・・。

ネフローゼという病氣は、塩を摂ってはいけなかったのでひどい嫌がらせです。

毎日学校に行くのがつらくなり、階段のおどり場の窓から何度も何度も飛び降りようと思いました。

でも、できないのです。

苦しくて苦しくて、どうしようもないのに・・・。


飛び降りようとすると、母が自分にほほ笑んでくれたり、小さいころに母が親切にしてくれたり、母が看病にきて一生懸命に笑いながら、無理して頑張っている姿を思い出してしまうのです。

「こんなことで逃げちゃダメだ！　もっと頑張らなくちゃ」

そのたびにそういう想いが頭をよぎったからです。

でも、イジメはどんどんエスカレートしていって、人の目を見るのも怖いし、誰にも話しかけられなくなっていきました。

母親に相談したいと思ったことが何度もありましたが、私の為に入院中に何でもやってくれた母親を、これ以上悲しませたくないと思い、ずっとだまっていました。

何故こんなことになってしまったのか、毎日毎日考えました。

なぜいじめられるんだろう、どうやったら今の状況から救われるのか・・・。

その原因は、ある日、友達が笑っているところを見て、自分も楽しくなって笑っていることで気づきました。

「そうか、人を幸せにすれば自分も幸せになるんだ・・・」

その日からは、毎晩寝る前に次のようなお祈りをするようになりました。

「神様、これからは人の幸せのために生きます」

と言った後、
①病氣が良くなりますように。
②みんなが仲良くなりイジメがなくなりますように。
③家族や周りの人が健康でありますように。
④世界が平和でありますように。
と願いました。

そして、最後に感謝を言います。

⑤お母さん、僕のために頑張ってくれて「ありがとう」

小学5年生の僕は祈り続けました。

誰に教わったわけでもなく、ただ思いつくままに祈り、それを高校生くらいまで続けました。

すると不思議なことに徐々に病氣が完治し、イジメも終わり、スポーツや学業の成績もビリから学年トップになりました。

そして、感謝することも増え、「ありがとう」の使い先も増えていきました。

・病氣を直してくれて「ありがとう」
・仲良くしてくれて「ありがとう」
・トップを取らせてくれて「ありがとう」

何か良いことがある度に「ありがとう」を繰り返すとどんどん良いことが続き、一流と言われる大学も現役で合格して、楽しく思い通りの人生になっていったのです。当時はとにかく何にでも「ありがとう」と言いまくっていました。

なにより、そんな私を見て、嬉しそうにしている母を見るのが楽しくなりました。

・お母さん、毎日幸せそうに笑ってくれて「ありがとう」

気が付くと、一番欲しかった未来、そして言いたかったことが言えるようになっていました。

私は「ありがとう」と繰り返すだけで、「幸運」になっていたのです。


その後私は好奇心が旺盛なこともあり、幸せになるための色々な情報をキャッチしては試していきました。

その中で自分なりに、人生を楽しく明るく生きる「幸運」を掴むコツを研究して、身につけていったのです。

お蔭様で、辛いことや悲しいことが起こっても、笑顔で感謝して受け入れることができるようになってきました。


今の私は自分なりの「幸運」は掴みつつあると感じています。

繰り返しますが、これは私だけでなく、誰にでも起こり得ることなのです。

なぜなら運命は変えることができるからです。

「幸運」は誰にでも掴める。

そして、この本にはその手順と方法を書きました。

私が今ではこんな風に本を書いて皆さんに「幸運」を説く側に回るなんて思いもしませんでした。

しかし、この本は10年の熟成を重ね、完成に至った自信作ですのでご安心ください(笑)。

初めて私の著書を知った方は、とにかく楽しんで読んでください。

もちろん、1作目をお読みになった方も、是非、心を改めてお読みいただければ、有り難く存じます。


この本を読んで、皆さんが少しでも前向きな氣持ちになって、明るく楽しい人生を送って下さればうれしく思います。

この本からは、とても良い氣が出ています。

何かに挑戦するとき、困ったとき、苦しいときは、常にこの本を持ち歩いてください。

そして、周りに困っている方がいらっしゃったら、どうぞこの本を差し上げてください。

すると、差し上げた方の運命はもちろん、「あなたの運命」も大きく変わり始めます。

未来へのレールを「幸運」へと変えるチャンスは「今」です。

皆さん、どうぞ楽しい人生を過ごすために、この本を読んで少しだけ行動してみてください。

焦らずに少しずつ。

矢島　実

[目次]

3章　幸運になれない原因とは・・・

4章　健康になると幸運もやってくる

7章 本当の幸せって何？

1章

幸運を呼ぶ
最初の7つの
きっかけ

幸運な人には理由がある

あなたは「運」について、考えたことがありますか?

人は誰でも「運がいい」とか「運が良くない」と一度は思ったことがあるはずです。

そもそも「運」とは何なのでしょう?

まず漢字を見てください。運は「運ぶ」と書きます。つまり「運」は動かすことができて、自力で変えることができるものなのです。

一方、生まれながらにして授かった「宿命《しゅくめい》」は変えることができません。その中で、人がより良い人生を生きるには、自力で変えられる運をいかに上手に動かすかがカギになってきます。

では、どうすれば運を変えることができるのでしょう?

「私は運が良くて、いつもツイてる」という方もいますが、

宿命は変えられないが、
運命は変えられる

世の中の多くの人たちが「もっと幸運な人生を送りたい」と思っているはずです。

なにしろ幸運な人は仕事で成功し、経済的に恵まれています。

人の縁にも恵まれ、応援者がたくさんいるので、物事が上手く運びます。

プライベートでは家族仲が良く、友達も多くて笑顔の絶えない毎日です。

おまけにクジ運まで良く、たびたび懸賞《けんしょう》や宝くじに当たったりもします。

とにかく運がいいと何をやっても、たいがいのことは上手くいくものなのです。

私もそういう人を何人も知っていますが、彼らにはどうやら共通点があるようです。それは幸運になるための「法則」を知っているということです。彼らはその法則にもとづいて運を動かし、思い通りの人生を築いています。


あなたもその仕組みを知り、上手に運を動かすことができれば、幸運な人生を送ることができるのです。どうでしょう、実践《じっせん》してみませんか？

幸運を呼ぶ法則
その1

毎日「私は運がいい」と言葉にしましょう。

その時点であなたの運は良くなっています。

幸運を呼ぶ法則 2

幸運じゃない人にも理由がある

あなたは日頃、こんな言葉を口にしていませんか？

今日も体がだるい。
上司に怒られてばかりでイヤになる。
どうせオレ（私）はいつまでたっても貧乏《びんぼう》だ。

どれもよく耳にする〝ぼやき〟ですね。

でも、ちょっと待ってください。どんなときでもネガティブな言葉を口にするのは良くありません。言葉にはことだま（言霊）という不思議な力があって、口にした言葉は実現するからです。言葉は全てを創り出す力を持っているのです。

私も小学生の頃、いつも「疲れた」「イヤだ」「だるい」などと不平不満ばかり言って母を困らせていました。そして小学5年生のとき、ネフローゼという腎臓疾患にかかりました。

あなたの周りでも仕事の愚痴《ぐち》ばかり言っている人は、職場でトラブルを抱えがちではありませんか？「嫌だ」と言ってばかりいると、「嫌な出来事」が起こります。

自分のことを貧乏だと言っていると、本当に貧乏になってしまいます。

逆に、少しくらい体調がすぐれなくても笑顔を心がけている人や、愚痴を言わず仕事に励んでいる人、「いつか大金持ちになるぞ」と夢を持って前向きに生きている人は人生が好転し、理想の自分に近づいていっているはずです。とても対照的ですね。

また、世の中には似た者同士が集まるという法則があって、運が良くない人は運が良くない人同士で集まります。なにしろ彼らは自分の不幸な境遇《きょうぐう》を理解し合えて、共感してくれる人を求めているからです。

でも、あいにく運が良くない人が大勢いるところには良くない縁が増幅《ぞうふく》し、ますます良くないことが起こりやすくなります。

もし、あなたがそんな環境にいるとしたら、ネガティブ思考やネガティブな言葉をやめることです。最初のうちは無理でも、そのうち氣持ちが前向きになって、ポジティブな言葉しか出てこなくなります。その最たるは「ありがとう」です。

全ては習慣ですから意識して始めてみましょう。そうすれば、あなたの周りにはいつの間にか良い氣を持った人がたくさん集まり、運も上がってきます。効果てきめんですよ。信じられない人は、この本を10人の人に配ってみてください。そうすれば、ありがとうの輪が広がっていくのを実感できます。

ところで私は、この本の中で「気」ではなく「氣」という字をつかっています。それは「気」よりも「氣」のほうが、たくさんエネルギーを持っているからです。だからこの本の中では引用文などの一部を除き、「氣」という字をつかっていくことになります。

幸運を呼ぶ法則
その2

体調がすぐれない日こそ、
「今日は調子がいい」と言ってみましょう。

幸運を呼ぶ法則 3

「氣づき」がツキを呼ぶ

あなたは自分のことを「氣がつく人」だと思いますか？

周りからよくそう言われるという方は、「エネルギー」＝「氣」をたくさん持っていると言えます。

氣をたくさん持っていると、相手が思っていることを第六感で感じることができるので、何かを頼まれたり注意されたりする前に行動できます。これを「空氣を読む」といい、空氣を読める人のことを「氣がつく人」と言います。

氣がつく人はいろいろなことに氣づくぶん、人より情報を多く取り込んでいるので「意識《いしき》」が向上していきます。また、「氣づき」が多ければ多いほど氣が身について、良い行いができるようになります。

良いことをしている人からは良い氣が出ていて、その人にはもっと良い氣が入ってくるようになっています。

私は自分の施設で日々、利用者を診ていますが、そのかたわら講演会などでお話をさせていただくことも多く、皆さんの幸せを心から願いながら、自分が持っている知識《ちしき》のすべてをつかいます。これは「知識」という氣を与えていることになります。

スケジュールが過密《かみつ》になることもありますが、お一人でも多くの方に元氣になってほしいので、いっこうに疲れません。それどころか誰かの役に立てば立つほど喜ばれたり感謝されたりして、自分の身の周りに良いことがたくさん起こります。エネルギッシュな人との出会いに恵まれたり、以前から欲しかった情報が入ってきたりして、人間的に成長する糧《かて》を得ていると実感するのです。「人間的な成長」こそが氣を高める一番の方法です。

こうしたことに氣づくことで人間性が高められます。人間性が高まれば高まるほど、氣がついてきて運が良くなります。人生が〝ツイて〟きます。

あなたも氣づきを増やしましょう。氣づきを増やして良い氣を身につければ、周りには良い氣を持っている人が大勢集まり、良いことしか起こらなくなりますよ。

幸運を呼ぶ法則

その3

元氣のない人がいたら軽く肩をたたいてあげましょう。
「氣」をつけてあげられます。

幸運を呼ぶ法則 4

夢は幸運を引き寄せる

あなたは「思い通りの人生」ってあると思いますか？

思うようにならないのが人生。そんなふうに思っている方も少なくないのではないでしょうか。

実は、人生は思い通りになります。それにはちょっとしたコツがあります。そのコツとは幸運な人生を送るための「法則」みたいなものです。

私も子どもの頃は病氣やイジメを経験しましたが、運を変える法則を知ってからは、それを実践することで、人生が思い通りになってきました。

偶然としか思えないラッキーな出来事が増え、物事が上手く回る円滑現象が次々と起こるようになったのです。

最初のうちは、なぜ良いことばかり起こるのか不思議でした。

でも、それらは偶然ではなく必然だと知ってからは、自分の運を信じることができ、ますます良いことが起こるようになりました。

思い通りの人生を手に入れたいのならば、まずは自分の描く夢や目標を実現したいという強い「想い」を持ってください。そして、それを言葉にして人に伝えるのです。

ここである小学生の作文をご紹介しましょう。


『夢』


ぼくの夢は一流のプロ野球選手になることです。

そのためには、中学、高校で全国大会へ出て、活躍しなければなりません。

活躍できるようになるためには、練習が必要です。

ぼくは、その練習にはじしんがあります。

ぼくは3才のときから練習を始めています。

3才~7才までは半年位やっていましたが、3年生の時から今までは、365日中、360日は、はげしい練習をやっています。

だから一週間中、友達と遊べる時間は、5時間~6時間の間です。

そんなに、練習をやっているんだから必ずプロ野球の選手になれると思います。
そして、中学、高校でも活躍して高校を卒業してからプロに入団するつもりです。
そしてその球団は中日ドラゴンズか、西武ライオンズが夢です。
ドラフト入団でけいやく金は、一億円以上が目標です。
そして、ぼくが一流の選手になって試合にでれるようになったら、
お世話になった人に、招待券をくばって、おうえんしてもらうのも夢の一つです。
とにかく一番大きな夢はプロ野球選手になることです。

『イチロー物語』（中公文庫）より

これはアメリカ大リーグで活躍しているイチロー選手が小学6年生のときに書いた作文です。

イチロー選手は小学生のうちから、驚くほど具体的な目標をかかげていたんですね。目標と行動がともなったからこそ、「想い」が形になったのでしょう。

多くの人がせっかく夢や目標を持っても、「どうせ上手くいかない」「がんばっても叶わない」とあきらめてしまいがちですが、夢は実現します。

いや、実現するために夢や目標があると言った方がいいかもしれません。

「成功者とは成功するまで続ける人」という名言もあります。

粘り強く確実に、それでいて楽しんで歩みを進めていった人には、思い通りの人生が待っているのです。

幸運を呼ぶ法則
その4

夢は叶う。「叶う」という字は、

「口に出して十万回言う」と書きます。

幸運を呼ぶ法則5

諦めなければ奇跡が舞い降りる

あなたは、トライアスロンという競技を知っていますか？

今では、テレビや雑誌の取材で有名になったトライアスロン競技の上田藍選手。トライアスロンを始めた頃は、「才能がないから君には無理だ・・・」と言われたそうです。しかし、その否定的な言葉をバネにして、毎日毎日、自分を信じて努力し続けました。その結果、２００８年北京オリンピックに出場。

しかし、２０１０年4月、練習中に自転車の事故で血だらけになり、外傷性くも膜下出血の大怪我をします。ここでも、彼女は諦めません。

その時にできることを一所懸命にやり続け、競技復帰。そんな時でさえ、「オリンピックで金メダルを勝ち得ることができました。ありがとうございました。」とノートに書き続ける彼女を見て、涙が溢れたのを覚えています。

そんな上田藍選手からのメッセージです。

私は２００２年に矢島先生と出会い、トレーナーとして身体のケアをしていただくと共に、メンタル面（「ありがとう」の言葉と感謝の気持ち）も目標を達成していくために大切なことだと教えて頂きました。

日々健康に過ごせていること。ついつい当たり前に思いがちな些細な出来事にも目を向けて感謝の心をもつこと、そして、心の中だけではなく言葉にして相手や物に感謝の気持ちを伝えることなど、普段、照れくさくて言葉に出せていなかった気持ちを多くの人達に伝えることで信頼関係がより深い輪となり、その輪が強い心の支えとなっていきました。

そして２００６年の秋から、オリンピック金メダル獲得に向けて「日々の感謝」「目標を達成したことへの感謝」を書き綴る【感謝ノート】を書き始めました。毎日「オリンピックで金メダルを勝ち得ることができました。ありがとうございました」と最高の笑顔でフィニッシュしている自分を思い浮かべながら書くことで、イメージが鮮明になり、実現するために必要な努力を積む意欲が増し、成長するために不可欠な課題を見つけるアンテナがはられました。

２０１２年のロンドンオリンピックではメダル獲得という目標に届きませんでしたが、レース本番での経験は、私を更に成長させてくれる課題をたくさん与えてくれました。感謝の心を大切にすることで、たとえそれが思い描いていた結果でなくても、自然とポジティブな結果として受け入れる心を身につけさせてくれました。自分の中にある可能性を信じ、前向きに突き進む心を育ててくれたのです。

今では「２０２０年東京オリンピックで金メダルを勝ち得ることができました。ありがとうございました」と書き綴っています。自分に起こった全ての出来事に感謝し、日々成長し続けていきます。そして、目標を達成していきます。ありがとうございました。

上田藍（シャクリー・グリーンタワー・稲毛インター所属）

人生には、諦めも大切です。けれど、諦めないで「どうしたら良くなるか」を考えて行動し続けていると、必ず神様がプレゼントをくれるように思います。

トライアスロン界で世界一小さい彼女の【金メダル獲得の夢】を是非応援してあげてください。

（＊ちなみに、この本のイラストはすべて上田藍選手が描いてくれました。この場を借りて、お礼申し上げます。藍ちゃん、ありがとうございます。）

続いては、子育てに教室に大忙しのパワフルな主婦、「伊場優子」さんからのメッセージです。

『普通の主婦に奇跡が舞い降りた』

私は小さい頃から料理が大好きでした。いえ、料理しか自分を表現できる事がなかった、が正しいのかも知れません。

そんな私が人に得意な料理を教え始めたのは、14年前からでした。きっかけは友人がイカの塩辛とあじの下ろし方を教えてほしい！　そんな感じだったと思います。でも、教えた友人は喜び、またその友人を呼んできて・・・と、教えるたびにみんな喜んでくれるのです。こんなに喜んでくれるのなら料理会でもしてみようかな、と、まずは自宅で始めたのがはじまりでした。

ところが、いざやろうと思うと人は思ったほど集まりません。あまり少ない人数だとやる意味もありません。私は、知り合いに片っ端から連絡をとり、宣伝したり誘ったり、最後には、手書きのチラシを作りご近所に手配りまでしました。

この時、今では私の宝物としての出来事が起こりました。

当時、息子のゆうたが小学校1年生、娘ゆうかはまだ2歳。二人を車に乗せ、近所の団地へチラシを配りに行きました。

手書きのチラシをコンビニで1枚10円でコピー。贅沢なんて出来ない、主婦の私にとっては1枚1枚がとても大切でした。

だからポストに入れず、飛込みで玄関のチャイムを鳴らし直接チラシを渡すことにしました。今まで営業なんてしたことのない普通の主婦です。すごく勇気がいりました。

でも、ほとんどの回答が「忙しいから帰って」や「あんたみたいな若い子に教えてもらうことなんてないわよ」とチラシを捨てられそうになりました。

そんな時、階段を上がってくる小さな足音がしました。小さな息子がチラシを握りしめ1枚をその方に再度渡すのです。

「来てください」と。

私は胸が熱くなりました。涙が溢れてきました。

私は心が折れそうな時に、息子の応援する気持ちに支えてもらったのです。

こうして少ない人数ながらお料理教室は無事スタートしました。

そんなある日、友人からこの本『「ありがとう」が幸運を呼ぶ』をプレゼントされたのです。衝撃が走りました。この本の内容すべてが、私が今まで勉強したことや、感じていたことや、やりたいことだったからです。

私が言いたいこと、それ以上の内容が書いてある！　と無我夢中で大切な友人、仲間にプレゼントし、生徒さん達に紹介していきました。いつも「ありがとうございます」と思い続けて。


すると奇跡が起こりました。

一つ目は、私と一緒に料理教室を全国に広げたいという方が次々と現れたこと。私の想いを共有、共感してくれる多くの方々、仲間が現れました。

「あんたみたいな若い子に教えてもらうことなんてないわよ」

と言われた私に・・・です。


二つ目は、著者の矢島さんよりお礼のお電話を直接いただいたことです。大好きな本、そして大尊敬している著者ご本人からの電話は奇跡でした。そして、とても気さくな方でさらに感動しました。

そのお電話が切っ掛けとなり、地元で矢島先生の講演会を主催させていただきました。

また矢島先生には沢山の素敵な方々をご紹介頂きました。


するとまたまた奇跡が続きます。

私は、矢島先生にお話を聞いたり、本を紹介していただいた方を、ぜひ地元のお母さんたちにも知ってもらいたいと思い、思い切って連絡をとってみました。

すると、普通の主婦のお願いにも関わらず、『ツキを呼ぶ魔法の言葉』の著者の五日市剛さん、『胎内記憶』の池川明さんなど、業界で有名な方にどんどん私の地元で講演会を開いてもらえることになりました。


最後に、この本を読んでいるお母さんたちにお伝えしたいです。

それは、「あきらめなければ、奇跡は今からでも起こる！」ということです。年齢、環境なんて関係ありません。大事なのは、信じる気持ちだけです。

私は「ありがとう」を信じ続けた結果、楽しい毎日を過ごせるようになりました。今後もワクワクたくさん「ありがとう」を言える環境を作りたいと思っています。

やじさん（今ではこう呼ばせていただいております）いつもありがとうございます。

感謝しています。

主婦＆料理家　伊場　優子

伊場ちゃん（いつもこう呼んでいます）、私こそ勇気をもらっています。いつもありがとうございます。

彼女の成功は、感謝の気持ちとともに、あきらめない、信じ続けることが引き起こした結果だったと思います。

今の彼女の夢は、10年後に「ココロの学校」を作ることだそうです。

幸運を呼ぶ法則
その5

諦めなければ、なんとかなる。
もう少しだけ続けよう。

幸運を呼ぶ法則 6

赤ちゃんのハイハイが幸せを運ぶ

この本を読んでいただいている方の中には、現在子育て中である、すでに子育てを終えた、あるいはこれから子育てをするという方々がいらっしゃるかと思います。

幸運な人生に良い家庭環境は欠かせません。中でも子育ては最たるものでしょう。

私にも4人の男の子がいますので、治療家として、4人の子どもの父親として、氣づいたことをアドバイスさせていただきます。

まず人は愛情を持って育てられれば、人に愛情を注げる人になります。両親が十分に愛情を注いだ子は元氣で明るい性格に育つものですが、最近の子どもたちを見ていると不安が多く、人や物を大切にしない傾向にあるようです。

精神的に安定した子に育てるには、夫婦の仲が良いことが大切です。子どもは、夫婦の愛のおこぼれで育つからです。そして、両親がしっかりと抱きしめてあげることです。何かをしたり、成果を出した時に、ほめて抱きしめてあげるだけでなく、ただ存在自体を認めて、抱きしめて、「あなたがいてくれて幸せ」、「生まれてきてくれてありがとう」と言ってあげてください。

次に、本が読めない子どもが増えているといいますが、今の子どもたちは本が嫌いなのではなく、小さい文字が読めないのです。だからこの本の文字は大きくしてあります。

小さい文字を読むのが苦手になってしまうのは、赤ん坊のときに床を這《は》う動作、いわゆる「ハイハイ」をしっかりさせなかったことが原因だと言われています。ハイハイをさせずに歩行させてしまうと、目のピントを合わせる「視覚《しかく》の収束《しゅうそく》」ができなくなって、小さい文字を読むのが困難になってしまうのです。

世界的に「床のない民族には文化が発達しない」と言われるほどハイハイは大事な動作ですから、赤ん坊のうちにしっかりハイハイをさせてあげてください。

続いて規則正しい生活リズムについてです。

私たちは、いつも決まった時間に起きて、決まった時間に寝るだけで体調が良くなります。これを子どものうちに習慣化すると、その子の心には「秩序《ちつじょ》」が生まれます。秩序の身についた子は規則やルールを守るのが当たり前になりますが、秩序を身につけられなかった子は規則やルールを守ることが苦手になり、社会への適応能力が低く、情緒不安定になる傾向にあります。

近年では夜遅くまで子どもを連れて外出したり、一緒に夜更かしをさせたりする親御さんも少なくないようですが、大人たちが規則正しい生活をして子どものお手本となり、子どもの秩序を養いましょう。

大人も子どもも心を落ち着かせる時間をつくることが大事です。

「魂の向上なくして人の生長はない」ということはすでにお話した通りで、魂を向上させるための第一歩は「人間とは何か」を考え、自分は何のために生まれ、何をするべきなのかを知ること、つまり物事の真理を知ることです。幸運を引き寄せ、運のいい人生を歩んでいる人たちは、こうした物事の真理を知っています。

あなたが幸運な人生を切り開きたいのであれば、あなた自身はもちろん、子どもにも自分は何のために生まれ、何をするべきなのかを考える時間や将来の計画を立てる時間を持たせましょう。共に話し合うことが、とても効果的です。

人は大人も子どもも自分の目的や将来の夢が見えないと、毎日暗闇《くらやみ》をさまよっているようで不安になります。そうならないためには、日頃からいろいろな職業の人や経験者の話を聞いて、自分が「将来こうありたい」という理想の人物像を見つけることです。そうすれば生きる目的や夢ができて、不安にならずに済みます。

教育学者である、森信三《もりしんぞう》先生の「子育て三原則」はとても参考になります。あなたもやってみませんか?

①朝の挨拶のできる子に。

②「ハイ」とはっきり返事のできる子に。

③はき物を揃え、立ったら椅子を入れる子に。

幸運を呼ぶ法則
その6

子育てを通して幸運も呼び寄せましょう。子どもを8秒間、強く抱きしめましょう。

幸運を呼ぶ法則 7

見方を変えると幸運になる

私たちが4年前にスタートした発達障がい児の改善施設「サンタクロースグループ」(http://www.santa369.com)では、沢山の発達障がいと言われた子どもたちとお母さんたちが頑張っています。一般的な「常識」では発達障がいや自閉症は「治らない」と言われています。しかし、本書に書かれているような「自然治癒力を伸ばす」ことを親子で実践していくと非常に高い効果が出ています。

ここでは、S・S君という4歳になる男の子のお母さんが書いてくれた感想をご紹介致します。

我が家には、4歳になる年中の息子がおりまして、今年3月からサンタクロースにお世話になっているのですが、その理由が、"言葉が遅れていて、ママとかパパとかも言ってくれない"という事でした。

2月のサンタ説明会の時に、一緒に資料として入っていた『奇跡の食育2』(美健ガイド社)という冊子をいただいて読んでいる中に、”手作りのふりかけを作って何にでもかけて食べると良い“という事が書いてあるのですが、試しに作ってみようかなと思って作ってみました。味噌汁や、ごはんにふりかけて食べるように作ったのですが、うちの子はかなりの偏食で、お野菜とかあまり食べなかったのですが、そのふりかけは、一口食べたらすごく気に入ったようで、そのままで、スプーンで何杯も何杯も食べるようになりました。

そこから、一ケ月経った頃に、『ママ』『パパ』と言ってくれたんです！

あと、こちらが言った事をそのまま返す、オウム返しが多かったんですけど、だんだんそれが少なくなっていって、今はほとんどないという状態です。

4月の毛髪ミネラル検査の結果を矢島先生からお伺いした時に、『改善している理由として何か思い当たる事はありますか?』と聞かれて、ふりかけの話をしたら、『きっと、それですよ』と言っていただいて。それから、ミネラルの大切さという事を改めて教えていただきました。『よし、これを続けていこう!!』と思い、それにプラスして、無添加白だしを、味噌汁に小さじ一杯程度、朝・晩摂るようにしました。

あと、『オメガ3の油もいいよ』と教えていただいて、エゴマ油を、同じく味噌汁に入れて摂るようにしました。今まで朝はパン食の時もあったのですが、毎朝、必ずごはんと味噌汁に変えました。

そして、6月、少しずつ言葉も増えてきて、物事の理解能力も上がってきていると感じています。実は、おむつもまだ外れていなくて、どうしようかと思っていたんですが、7月の時に、(それはふりかけを始めてから5ケ月目なんですが) いきなり、『ママうんち』と教えてくれて、トイレでうんちをするようになり、おしっこもできるようになり、あっさりとおむつが外れてしまいました。

夏休みに入ってからも、ずっとその食事は続けていました。

9月になって、幼稚園に久しぶりに登園した時、幼稚園の先生に「すごく言葉が増えましたね!!」と言っていただいて、一語文だけではなくて二語文もたくさん出てさてますと言っていただいて、なおかつ、絵本読み聞かせの時、『先生』と呼ぶので、『どうしたの?』と聞いたら、『おしっこ』と自分から主張できるようになったと、先生も喜んで教えてくださいました。

息子は、元々、身体が弱くて、すぐに鼻水が出たリ、年がら年中、病院にお世話になっていたんですけど、今年、ふりかけをやり始めてから、鼻水も出ないし、熱も出ないし、健康になって、のびのび過ごしているなーと親として嬉しく感じています。

しかも、私自身も、産後、体調がすごく悪くて、寝込む事がよくあったのですが、そういう事もなくなり、夏休み、色々なところにハードに出かけたんですけど、二人とも、ピンピン、倒れることなく乗り切る事ができ、ミネラルの大切さを実感しているところです。

いかがですか？

このお母さんのような体験をした方が、私たちの施設には大勢います。世の中では「治らない」と思われている発達障がいや自閉症でも、常識から離れた「自然治癒力」を増やす方法で見違えるように成長していきます。このような「事実」も多くの方々に知って頂き、常識と言われいることに、少し別の角度から物事を見て試してみて頂きたいものです。

幸運を呼ぶ法則

その7

常識と思われる事でも、見方を変えると幸運になる。

2章
幸運な人たちのマネをしよう

幸運を呼ぶ法則 8

❖「掃除」と「凡事徹底《ぼんじてってい》」の鍵山秀三郎《かぎやまひでさぶろう》さん

世の中には幸運な人がたくさんいます。彼らは思い通りの人生を実現し、明るく楽しい毎日を送っています。ただし、彼らはただ幸運を待っているわけではありません。

鍵山秀三郎さんをご存じの方は多いでしょうが、まさに「幸運」を体現されたお一人です。鍵山さんは、NPO法人「日本を美しくする会」として世界に掃除を広げています。それと同時に全国690店舗以上あるカー用品販売チェーン「イエローハット」の創業者でもあります。

その鍵山さんが貫いてきたのが「掃除」と「凡事徹底」。凡事徹底とは、当たり前のように見えることを徹底してやることです。

この考え方は幸せな毎日を過ごすためにとても大切で、私の会社でも鍵山さんの考え方を社員教育に取り入れています。

そこで、鍵山さんにまつわるエピソードの中でも、これはというものをご紹介しましょう。

鍵山さんは「枠を使い尽くさない生き方」というのを実践されていて、「人から信頼を得るには、自分に与えられた枠を使い尽くさないことだと思います。自分に与えられた枠を全て使い尽くすような生き方ばかりをしていると、人からの信用を失います」とおっしゃっています。

これは、身の丈に合った生き方をするという考え方に少し似ているかもしれません。

その鍵山さんが34歳の時、東京都千代田区の一等地を破格の安さで手に入れるという出来事がありました。

かつて住んでいたアパートの周りを掃除していたところ、その様子を見ていた地主さんが痛く感動し、破格で土地を譲りたいと申し出てきたのだそうです。

鍵山さんは仕事で朝早く出かけ、夜遅く帰ってくることが多く、ご近所に迷惑をかけているのではないかと気兼ねして、せめてお詫びに掃除くらいと考えたのでした。

地主さんに勧められた土地は三番町という、都内有数の高級住宅街でした。

そんな素敵な場所ですから、欲しい人はいくらでもいるはず。鍵山さんもそれをよく知っていたので、この話を断ったそうです。

ところが地主さんは何度も、「いくらなら出せるんですか？　遠慮はいらないから正直に言ってください」と言って諦めません。

それでも鍵山さんは断り続けましたが、最終的には根負けし、ご厚意に甘えて土地を購入しました。

あとになって聞いたそうですが、地主さんは鍵山さん以外にその土地を売るつもりはなかったそう。損得ではなく、鍵山さんの人柄に惚れて土地を売ったのですね。

ほかにも鍵山さんには驚きのエピソードがあります。それは1990年にイエローハットの株式を東証第二部に上場する時のことでした。当時、イエローハット株は注目されていて、店頭公開時には高値がつくと予想されていました。

普通なら喜び勇んで株式を公開するでしょう。ところが鍵山さんは逆に株価の高騰を抑えるため、店頭公開を3カ月ほど延期したのです。

株というは実力不相応だと必ず値下がりして、株主は損をすることになります。それでは申し訳ないと考えた鍵山さんは、「イエローハットの株を買っていただいた皆さんには喜んでもらいたい」と言って、あえて冷却期間を作ったのです。

その結果、当初の予定の9月17日に店頭公開していれば、1株1万2200円の高値がつくと予想された株価も、実際は12月21日に1株7678円という初値に収まりました。

つまり店頭公開を3カ月延期したことで、1株あたり4522円下落してしまった計算です。

ちなみに鍵山さんにも約１５０万株の持ち株があったそうですから、単純換算しても約68億円の減額です。

当然、鍵山さんが手にした創業者利益も少なくなりました。ただそのぶん、株主が損をしなかったので、「それでよかった」と言う鍵山さん。経営者ならできるだけ高値で売りたいと考えるのが普通なのに、本当にすごい人だと思います。

その７年後の１９９７年9月、イエローハットは東証第一部に上場し、成長を続けていますが、「労せずして得た利益では、人も会社も、悪くなることはあっても、良くなることはありません」という鍵山さんの言葉は物事の真理だと思います。

相手を思いやり幸せを届けましょう。

すると必ず自分のもとに幸せは訪れるものなのです。

幸運を呼ぶ法則
その8

ゴミを一つ捨てれば徳が消え、
ゴミを一つ拾えば徳が増える。

幸運を呼ぶ法則9

納税日本一の斎藤一人《さいとうひとり》さん

ご存じの方も多いと思いますが、斎藤一人さんは体に良い食べ物や化粧品を販売している「銀座まるかん」の創設者で、高額納税者としても有名です。

なんと10年以上も連続で高額納税者番付《こうがくのうぜいしゃ》ベスト10に入る快挙を成し遂げました。

でもそうかといって、お金儲けに走っているわけではありません。斎藤さんは心の豊かさと経済的な豊かさの両方を追求しています。

私もこの両立なくして、思い通りの人生はないと思っています。

斎藤さんはご商売のかたわら日本全国で講演会を開き、どうすれば明るく楽しい人生を過ごせるかをお話されています。

私も聞かせていただきましたが、とても面白くて、びっくりしました。

講演会は堅苦しい感じがして苦手という方もおられるかもしれませんが、斎藤さんの講演会は終始笑いが絶えず、終わった後は心と体が軽くなった氣がします。本当に勉強になります。

お話の中には、ご自身の不思議な体験や、斎藤さんがモットーとしている「面白く、楽しく、涼やか」に生きる方法がたくさん登場します。

どれも実体験による、豊かに生きるためのコツです。


今あるものに感謝しましょう。

ご先祖様《せんぞさま》を大切にしましょう。

不平不満を口にするのはやめましょう。

使命感を持って仕事をしましょう。

人と話をして、相手の心を柔らかくしてあげましょう。

相手のことを許し、自分のことも許しましょう。


これらはほんの一部ですが、斎藤さんはこうしたことを実践し、精神的にも経済的にも豊かな人生を送っていらっしゃいます。


ご自身の著書もたくさん出版されていて、大勢の人から喜ばれています。

斎藤さんのように成功されている方が、もしかすると自分では一生かかっても見つけられない運が良くなるコツを惜しみなく教えてくださっているのですから、マネしない手はありませんね。

実際、私も斎藤さんから学んだことを実行して幸せに生活できています。

例えば、幸せでお金持ちになる秘訣は「顔のツヤがいいこと」と聞いたので、以来、あぶらとり紙をつかっていません（笑）。

女性の場合は、適度なツヤを出すと良いと思います。

幸運を呼ぶ法則
その9

運が良くなる秘訣は「顔のツヤ」と「キラキラした小物を身につける」です。

幸運を呼ぶ法則10

「経営の神様」と呼ばれる船井幸雄《ふないゆきお》さん

船井幸雄さんという「神様」をご存じでしょうか?

船井さんは経営《けいえい》コンサルタント業の草分けである株式会社船井総合研究所の創設者《そうせつしゃ》で、これまでに経営アドバイスを手がけた企業は数知れず。上場企業《じょうじょうきぎょう》から中小企業まで数多くの会社の業績を伸ばし、その手腕《しゅわん》から「経営指導の神様」と呼ばれています。

２０１４年に惜しまれながら永眠されましたが、その考え方は今でも変わらず生き続けています。

企業の成長に人の成長は欠かせない、それが船井さんの考え方です。これをもとに半世紀にわたって世の中の構造《こうぞう》や人間の正しいあり方を研究し、企業に正しいアドバイスをしてきました。それが船井さんの考え方の最大の特徴《とくちょう》であり、絶大《ぜつだい》な信頼獲得《しんらいかくとく》につながるのです。

船井さんは経営コンサルタントであり経営者でありながら、その枠を超えて徹底的《てっていてき》に人間を研究した「人間研究家」です。企業経営者や最先端の研究者らと年間何千件もの面談をこなすかたわら、世の中を良くするためのさまざまな取り組みをされて、講演会やセミナーも開いていました。

ホームページの「船井幸雄.com」(http://www.funaiyukio.com)では、今でもご自身の人脈《じんみゃく》や仕事の様子を公開し、良い本や物、良い人を紹介しています。

また、ご自身の著書や船井さんのことに書かれた本は数百冊にのぼります。とにかく世のため、人のためになるものは惜しみなく提供してきました。

中でも私が好きなのは「長所伸展法《ちょうしょしんてんほう》」と呼ばれる方法で、人間には長所と短所があり、短所を直そうとするよりも長所を伸ばしたほうが成長するという考え方です。

船井さんは、著書で「短所は直すのに時間がかかるし、ある程度以上は伸びない」「短所はツキのないものなので、深く付き合うと良い波動《はどう》は出てこない」と言っています。

私もまったく同感です。

私の会社でも船井さんの長所伸展法を実践しているおかげで、一緒に頑張ってくれているスタッフたちは優秀な「人財」ばかりです。本来は「人材」と書きますが、人は材料ではなく財産ですから、私は「人財」と言っています。

生前、船井さんと直接お目にかかる機会に恵まれたとき、いろいろなお話をさせていただきましたが、とても親切で温かい方でした。ずっと前から船井さんにお会いしたいと思っていたら、友人が紹介してくれたのです。船井さんはスピリッチャルや不思議なことが大好きで、日本でその世界に最も詳しい方の一人だったと思います。

船井さんからはその時に、たくさん良い「氣」を分けていただきました。おかげで私は今でもずっと運が良くて、ツイています。

会社経営と人財育成のスペシャリストであった船井さんの生き方を一つでも多くマネして、自分も周りの人たちと一緒に成長していきたいものです。

幸運を呼ぶ法則
その10

短所より長所を伸ばしましょう。

それが「長所伸展法」です！

幸運を呼ぶ法則11

『ツキを呼ぶ魔法の言葉』の五日市剛《いつかいちつよし》さん

五日市剛さんは工学博士号《こうがくはかせごう》を持つ、とても優秀な科学者です。

学生時代に単身でイスラエル旅行をしたとき、現地で知り合ったおばあさんとの出会いから、五日市さんの人生は大きく動き出しました。そのおばあさんが、幸運になるための言葉を教えてくれたのです。

以来、五日市さんはツイて、ツイて、ツキっぱなしになりました。そして、ご自身の体験を綴《つづ》った『ツキを呼ぶ魔法の言葉』の出版に至り、たくさんの人に読まれています。

ツキを呼ぶ魔法の言葉は次の三つです。

ありがとう。

感謝します。

ツイてる。

一見《いっけん》、どれも月並《つきな》みですが、この三つを常につかっていると良いことが起こります。良くないことが起きたとしても、五日市さんはこの言葉を口にします。すると不幸の鎖《くさり》が断《た》ち切れて、逆に良いことが起こるというのです。

「良くないことは重なるもの」と言いますが、それは良くないことが起こったときにネガティブな氣持ちになったり、愚痴を言ったりするからです。

五日市さんが出会ったおばあさんは、「朝寝坊して会社や学校に遅刻しそうなとき、焦ってイライラするけど、イライラさせていただき、ありがとうと言うのよ。運転中に事故をしてしまったときも、親が亡くなって悲しいときも歯を食いしばって、ありがとうと言うのよ」と言っています。

実際、五日市さんもそれを実践し、ツキっぱなしの人生を手に入れました。その五日市さんがこう言っています。

よく考えてみると、我々の心は意外と不安定であり、確かに言葉によってコロコロ変わることがあります。心は言葉の影響をとても受けやすいものですね。汚い言葉、マイナスの言葉をつかうのをやめ、ニコッと笑ってプラスのことを口にしていれば、自分の心も相手の心もとっても心地よい状態に安定していき、自分のおかれた状況が、たとえどんな状態であっても気づかぬうちに好転していくような気がします。

『ツキを呼ぶ魔法の言葉』講演筆録（とやの健康ヴィレッジ）より

もっと詳しいことを知りたい方は、どうぞ『ツキを呼ぶ魔法の言葉』を読んでみてください。とても面白くて、のめり込みますよ。実際、私がそうでしたから。

この本を出版するにあたり、五日市さんの体験をご紹介して良いかどうかをメールしたら、すぐに承諾の返信をいただけて、とてもうれしかったです。五日市さん、いつも親切にしてくださって、ありがとうございます。私はツイてます。

幸運を呼ぶ法則
その11

ありがとう！　ツイてる！
感謝します！　と沢山言いましょう。

幸運を呼ぶ法則12

◆免疫学のエキスパート、安保徹《あぼとおる》さん

みなさんは「免疫学《めんえきがく》」という健康知識をどれくらい知っていますか？

免疫とは私たちを日常的に病氣から守ってくれるものです。体内に異物が侵入したときにでき、一度できてしまえば、その異物が原因となる病氣にかからなくなります。免疫は誰の体の中にもあります。

その免疫を研究されている故 安保徹《あぼとおる》さんは新潟大学大学院医歯学総合研究科の教授で、免疫研究の第一人者でした。生前、人間の免疫システムについて、とてもすばらしい発表をたくさんされています。

中でも「多くの病は自律神経の破綻《はたん》が原因である」と結論づけ、「疲れやストレスを抱えると交感神経が活発になり、粘膜《ねんまく》を破壊して胃潰瘍《いかいよう》やガンの発症

自律神経が体温を調整している

原因になる」という発表は、従来の胃潰瘍は胃酸が原因だという定説を覆《くつがえ》しました。

安保先生は、人が健康を維持するには免疫力の向上が必要と説いています。免疫力をアップさせるには「ムリ」をせず「ラク」をしないことが大切だそうです。強いストレスを出来るだけなくし、メリハリのある生き方をして、心のバランスを良い状態に保つことだと安保先生はおっしゃっています。

そのためには自分の性格や傾向を見極め、心の状態がかたよらないように心がけること、ちょっとしたことでくよくよ悩んだり、ねたみやひがみの心を持ったりしないことが大事です。よこしまな氣持ちや、他人の足を引っ張ろうとする心のゆがみは、体調のゆがみを引き起こす原因になるというのが安保先生のお考えです。

私もまったく同感です。どんな人の人生にも紆余曲折《うよきょくせつ》があり、苦しいときや悲しいときがあります。お天氣と同じで、晴れの日ばかりではありません。

でも、そんなときこそ前向きに感謝の氣持ちを忘れず、絶えず笑顔でいることが幸運を引き寄せる近道なのです。

安保先生はガンも免疫力を高めることで根治できるとおっしゃっています。「ガンを治す4カ条」を提唱した著書がたくさんありますので、ぜひご覧になってみてください。目からウロコですよ。

ガンを治す4カ条
①ストレスの多い生活パターンを見直す。
②ガンの恐怖から逃れる。
③免疫を抑制するような治療を受けない。
④積極的に副交感神経を刺激する。

安保先生の研究成果は、私たちの生活にすぐに生かせるものばかりです。学者でありながら、やさしい言葉でわかりやすく教えてくださるのが安保先生のすごいところです。
私が治療の一環として取り入れているヒーリングや氣功、イメージトレーニングなども非科学的と言われてきましたが、それらが免疫機能に影響を及ぼすことを安保先生が科学的に解明できるようにしてくださいました。そのおかげで私の施設でも自律神経免疫療法をつかって多くの成果を上げています。安保先生が残された研究成果や考えは、医療の一端を担う私たちにとってこれからも心の支えになります。本当に感謝です。

幸運を呼ぶ法則
その12

健康で元氣に暮らすには「ムリ」をせず「ラク」をしないことです。

3章

幸運になれない原因とは・・・

幸運を呼ぶ法則13

言葉づかいが良くない

世の中には幸運でツイている人もいれば、そうじゃないという人もいます。もしあなたが後者ならば、一度自分の言葉づかいについて考えてみてください。

あなたは日頃、部下や友達、家族にどんな言葉をつかっていますか？

すでにお話したように、言葉には言霊《ことだま》という不思議な力があって、口にした言葉は現実になります。だから良くない言葉づかいの人には、良くないことが起こります。

バカヤロー！

チクショー！

アホ！

死ね！

ひどい言葉ですね。

苦しい
死にたい
ダメだ
無理だ

ネガティブな言葉ですね。

人は腹が立ったり、窮地《きゅうち》に追いやられたりすると内面的な弱さが露呈《ろてい》し、それが言葉に表れます。良くない言葉の数々は自分の弱さなのです。

人生には苦しいときもあれば悲しいときもあります。お天氣がいつも晴ればかりでないように、土砂降りの日もあれば、嵐の日もあるのです。


でも雨が降るから木々は茂り、農作物が育ちます。人も同じように試練があるからこそ人の心の痛みがわかるし、努力をするようになります。

ただ、できることなら苦しいことは少ないほうがいいですよね。

それには苦しいときほどネガティブな言葉をつかわないことです。


「この苦しみはやがて終わり、楽しいことが必ず起こる」と信じて、苦しいと言わないことです。

確かに、その現実が起きた瞬間はネガティブな言葉の一つも出てしまうものです。でも、それきりにしましょう。

常に言っていると不幸のサークルに入り込んで、負の連鎖《れんさ》からなかなか抜け出せなくなるからです。

幸運を呼ぶ法則
その13

ネガティブ言葉を言ってしまった時は、
「今の言葉は、なしなしなし、潜在意識に入らない」

幸運を呼ぶ法則14

痛みや苦しみがある

体の痛みも心の苦しみも、どちらも耐《た》え難《がた》いものです。

そのつらさときたら、自分以外の人にはなかなかわかってもらえませんから、精神的にイライラするのも無理はありません。

しかし痛みや苦しみを抱えていては、運は開けません。運は明るく健康で楽しく生きている人のもとへ寄ってくるからです。

このことは私が経験済みです。

子どもの頃、腎臓疾患のネフローゼにかかり、学校ではひどいイジメにもあって、毎日がつらくてつらくて、生きるのがイヤでした。ところが、自分の至らない点に氣づき、家族の幸せや世界平和を願い、感謝の氣持ちを持つようになってからは病氣が良くなり、イジメもやんで、どんどん運が良くなりました。

痛みや苦しみを克服するのは並大抵のことではありません。でも、ちょっとした工夫で軽減することはできますし、それを続けることで抜け出すことも可能です。

ちょっとした工夫とは感謝の氣持ちを持つことと、それを形にすることです。形にするといっても物である必要はありません。「ありがとう」と言葉にすれば良いのです。


例えば、あなたが腰痛を患《わずら》っているとしましょう。日によって痛みがひどいときもあれば、比較的軽いときもあるでしょう。痛みが軽いときは「あぁ、今日は少し楽だな」と思うわけですが、それと同時に「痛みが軽くなりました。ありがとうございます」と言うのです。

それができるようになったら、今度は痛いときも同じように「痛みが軽くなりました。ありがとうございます」と言ってください。痛くても言うのです。なぜなら言葉には言霊《ことだま》があって、強い想いを過去完了形《かこかんりょうけい》で口にすることで、その想いが実現するからです。


心の痛みも同じです。心の痛みというのは場合によって、体の痛みよりつらいものですが、それをこらえて感謝をするのです。

学校でイジメられた、会社が倒産《とうさん》した、最愛の人を失った……。人生には時として予期せぬ出来事が起こります。ですが、それらにはすべて意味があり、学ぶべきことがあります。それに氣づいて素直に受け入れたとき、人は大きく成長するのです。だから感謝して「ありがとう」なのです。

これができる人には早く幸運が訪れます。できない人は、いつまでたっても不幸な状態から抜け出せません。ここに運が良くなる人と、そうでない人の差があります。

「そんなことを言っても、痛いものは痛いし、苦しいときは苦しい」とおっしゃる方もいるかもしれませんね。あいにく、そういう方はなかなか運を変えることはできません。

運を変えたければ過去にとらわれず、今を大切にしましょう。運の良しあしを決めるのは、あなた自身です。

ちなみに「ありがとう」はノートに書いても効果があります。夢や希望があたかも実現したつもりで書いてください。大切なのは「思い込み」です。

幸運を呼ぶ法則
その14

毎日、紙に「○○できました。ありがとうございます」と書きましょう。

幸運を呼ぶ法則15

人をほめない

人はほめられればうれしいものです。

ところが、ほめられるのは好きなのに相手をほめない人がいます。

「人をほめるなんて、お世辞を言うようで照れくさい」という方がおられるかもしれませんが、そんなことはありません。どんどんほめてください。あなたが心から「ステキ！」「かっこいい！」と思った人に、素直にその感動を伝えてください。

これは幸運になるコツでもあります。なぜなら世の中には「ギブ・アンド・テイク」の法則があるからです。

与えれば与えられるし、与えなければ与えられることもありません。また、人が喜ぶことをすれば自分も幸運に恵まれ、逆に人を悲しませたり苦しめたりすれば、それは自分に返ってきます。

人をほめる行為は、その人の良いところに「氣づく」ことです。

氣づきが多ければ多いほど良いことができて人に喜ばれるので、自分もうれしくなり、ますます良い氣が身につきます。

良い氣は出せば出すほど、ますます入ってくるということはすでにお話しましたね。

そういえば、若い女性たちは「かわいい」という言葉をよくつかいますね。美しいもの、心がなごむもの、色づかいがきれいなものを見るにつけ「かわいい！」を連発します。

大人たちの中にはこれを「ボキャブラリーの欠如《けつじょ》だ」などと言って嘆《なげ》く人がいるようですが、私は感動を口にしないよりも数段すばらしいと思います。

だって友達同士で「これ、かわいい！」と声を上げている女性たちは、元氣で楽しそうだと思いませんか？

人をほめるのはおおげさである必要はありません。ただ、その人がしたこと、身につけているものを見て「いいな」と思ったら、ありのままの氣持ちを言葉にすればいいのです。

いいですね。
きれいですね。
素敵ですね。
かっこいいですね。

人から言われてイヤな氣分になる言葉は一つもありません。どんどんほめて、どんどん喜びを与えて、ギブ・アンド・テイクどころか、与えて与えて与えまくる「ギブ・アンド・ギブ」の世の中を目指しましょう。

但し、成功した時だけ誉めていると、結果を出せない自分は認めてもらえないと思ってしまう場合があります。子育てと同じく、チャレンジした「気持ち」や、「存在」そのものを大切にして誉めて挙げてくださいね。

幸運を呼ぶ法則

その15

与える者に与えられる。
喜ぶ人に喜びがくる。

幸運を呼ぶ法則16

孤独《こどく》を感じている

現代社会には「孤独《こどく》」な人が多いようです。

独り暮らしのお年寄り、共働き夫婦のお子さん、独身の方など孤独な環境は確かに増えています。

しかし、そういう人ばかりが必ずしも孤独というわけではなさそうです。孤独感というのは独りでなくとも抱くものだからです。

例えば、暴走族《ぼうそうぞく》や不良《ふりょう》のような人たちはいつも大勢で行動していて、一見、孤独とは無縁のようですが、実は孤独感を抱えています。孤独だから人に氣にしてもらいたくて、車やバイクで大きな音をたてたり、髪を金髪に染めたりして人の目をひこうとするのです。イジワルをする人も同じです。

実を言いますと、私も中学生のときは不良少年でした。髪も金髪にしていました。だからよくわかるのです。

確かに小学5年生のときから、感謝や世界平和を願うお祈りをしていたのですが、イジメや病氣を克服《こくふく》したら、不覚《ふかく》にも感謝の心を忘れ、以前のように自分勝手にふるまうようになってしまったのです。

すると、またたんだんと物事が上手くいかなくなっていきました。

暴走族や不良、イジワルな人も本当は周りの人と仲良くしたいのです。でも、行動が間違っているため、孤立してしまいます。すべては孤独感が原因です。

孤独感はなぜ生まれるのでしょう?

それは愛情が不足しているからです。

愛情に飢えている人は誰かに愛されたい、大切にされたい、信じてほしいという想いが強く、自分から人を愛したり、大切にしたり、信じてあげたりすることができません。もらうことばかり考えて、与えることをしないのです。

孤独感は周囲を思いやる調和の心が欠如《けつじょ》したときに起こります。

私もかつて「○○してほしい」「○○されたい」と思っていた頃は孤独を感じたものでした。ですが、「○○してあげたい」「こうしてあげたら、○○が喜ぶだろう」と考えられるようになってからは、大勢の人に感謝されたり相談されたりして、自分が必要とされているのを実感します。

この「人に必要とされている」と感じることが孤独感をなくす最良の方法だと思います。
もし、あなたが孤独を感じているのなら、今日から誰かの話をよく聞いてあげてください。愛情を注いでください。そうすれば、あなたの周りにはきっと大勢の人が集まって来るでしょう。人は、自分の話を熱心に聴いてくれる人が大好きなのです。

幸運を呼ぶ法則
その16

夫や妻の話を聴いてあげましょう。
子どもの話を聴いてあげましょう。

幸運を呼ぶ法則 17

周りに幸運な人がいない

私は運が良くない人間だ。

もし、あなたがそう思っているのであれば、あなたの身近にいる人を見てください。

運のいい友達はいますか？

運のいい上司の下で働いていますか？

家族は運がいいですか？

恋人は運のいい人ですか？

おそらく、あまり幸運な人はいないのではないでしょうか？　なぜなら幸運な人は幸運な人同士で集まるからです。

世の中にはいくつかの法則があって、「類は友を呼ぶ」というのもその一つです。私たちの周りでは常にこの法則が働いていて、性格が明るい人には社交的な友達が、素敵な女性や男性には素敵な恋人ができるようになっています。お金も同じで、たくさんある人のところへ集まりますし、お金持ちはお金持ち同士で集まります。ちなみに最近私の周りには社長さんやオリンピック選手が大勢います。

あいにく、この法則を変えることはできません。ならば自分が変わって、運を引き寄せるしかありません。幸い運は自力で変えることができますから、運が良くなるのもならないのもあなた次第です。

運を良くするには、まず怒るのをやめましょう。イライラしないでください。つらそうな顔もダメです。運が逃げてしまいます。ため息もやめましょう。

例えば、あなたが服を買うとき、しかめっつらの店員と笑顔の店員、どちらに声をかけますか？　いつもイライラして眉間にシワを寄せている上司と、穏《おだ》やかで優しい上司、どちらの下で働きたいですか？　答えは簡単ですね。

誰でも幸せそうにニコニコ笑っている穏やかな人が好きで、そういう人に話しかけたいし、そういう上司の下で働きたいと思っています。

だから、怒りっぽい人は今から怒るのをやめましょう。しかめっつらをやめましょう。眉間にシワを寄せるのをやめましょう。心に怒りが湧いてきたら深呼吸をして、「ありがとうございます」と口に出してみましょう。心がだんだん穏やかになってきます。

氣持ちが落ち着いてきたら優しい言葉で相手に接してください。すると周りにたくさん良い人が集まってきて、楽しい時間を過ごすことができます。もちろん運も上昇します。

毎日の生活の中で、ほんのちょっと「意識」を変えるだけで、人生は一瞬にしてすばらしいものになります。

さぁ、怒らない、怒らない。大声で笑ってみましょう。笑いたいから笑うのではなく、笑っている内に笑いたいことが起こるのです。全ては、自分から引き寄せるのです。

幸運を呼ぶ法則
その17

怒らないでください。

イライラしたら深呼吸をして、笑ってみましょう。

4章
健康になると幸運もやってくる

お薬に依存しすぎると

『蘇れ生命力（いのち）の力』という映画をご存知ですか？

日本中だけでなく、世界的にも話題になっている小児科医の真弓定夫先生のドキュメンタリー映画です。

真弓先生は、クスリを使わない医師として有名です。その真弓先生の著書『子どもたちに贈る12章』（生食協会ＭＯＯＫ）の中で警鐘を鳴らしていることがあります。

「日本の人口は約１億２０００万人で、世界の人口の２％に当たります。

その日本人が世界中のクスリの30〜40％を使っているのです。

さらに、最近話題になったインフルエンザの治療薬タミフルに至っては、世界中のタミフルの70％も使用しています」

「食に関して言えば、食べもののうち、生きもの（生鮮食品）がわずか８％、外食が30％、加工食品が62％を占めています。

そして加工食品を介して年間1500種類（一人当たり）ものクスリを口にしているのです」

これに対して真弓先生は、「生きもの（生鮮食品）を食べる」ことを勧めています。

私も、クスリが良くないと言いたいわけではないのですが、クスリに依存し過ぎた今の日本では、みんな長生き出来なくなってしまうのではないかと思います。もっと身近な食事を大事にしてほしいと思います。特に、クスリを反対から読むとリスクになります。

さらに、母乳に関しても真弓先生は言及しています。
「哺乳動物は、同種の乳で哺育するのが育児の原点であり、
最近の文明人を除く哺乳動物は、すべてこの原点を踏み外していません。
イヌが猫の乳で育ったり、馬が牛の乳で育ったりすることはないということです。
終戦以前の日本人もほとんどが母乳で育っていました」
「また、母乳を飲ませることで母親の愛情を感じ、精神安定が得られるのに、
そういった機会が少ないことが情緒不安定な現代人を作りだしている可能性もある」

そう指摘する真弓先生ご自身が、子育てで特に意識し大切にされてきたことを、先生の娘さんである紗織さんに教えていただきました。

大切な3つのこと

①楽しく生きる

真弓先生の奥様は癌になった時、「足を切断して抗がん剤を打っても2年で死ぬ」と医師に言われました。どうせ死ぬなら好きに生きようと決断した奥様は、足を切断することなく30年以上生き続けたそうです。この世には、人には理解できない大きな力が存在します。そのひとつが自然治癒力です。それがあるのだから、人の声に支配されることなく、楽しく生きることが本当に大切ですね。

②相手を責めない。

例えば原発。他人を責める人は多いけれど、家庭内はどうなのか？

「電子レンジでチンする」をアメリカ英語では「nuke it」と言いますが、nukeとはnuclearのことなので、核兵器を意味します。外を責める前に、家庭内（自分）で出来ることがたくさんあるはずです。そこから改めることが大切だと思っています

例えばアレルギー。語源は「奇妙な反応」。アレルギーは現象であって、それを責めても解決しないのです。解決するのであれば、不自然な生活をやめるのが一番の方法だと思って

います。結局は自分達の生活を改めるということでしょう。

③相手と一生を共にする覚悟をする

真弓先生の人間関係に「取り急ぎ」はありません。相手が諦めない限り、一生共に過ごします。

よく、「真弓先生みたいないい医者がいないんです」と言って下さる患者さんがいるそうですが、真弓先生いわく、「この世にいい医者なんていない」のだそうです。ちょっと会ったくらいで、いい医者も悪い医者も（見分けがつか）ないからです。一生を懸けて、お互いにいい人間関係を作り続けることで、いい医者が生まれるといいます。

いい医者を求めるのは、いいクスリを求めるのと何ら変わりがないのではないでしょうか。そして紗織さんは、「そんな即席人生にしたくない」と言っています。

紗織さんの言葉から、皆さんに何かが伝わってくれたら嬉しいです。

幸運を呼ぶ法則
その18

何に対しても自分からは諦めない
病気も必ず良くなる道がある

幸運を呼ぶ法則19

食生活

健康と運は切っても切り離せない関係にあります。

運を良くするには健康であることが欠かせませんし、実際、運のいい人は健康で楽しい生活を送っています。

体にとって一番大切なのは食べ過ぎないことです。「食事は腹八分目」と言いますが、健康のためには少食《しょうしょく》が好ましいのです。

そのことは医学的な見地からも言われていることで、医学博士の故 甲田光雄先生は現代医学でお手上げの難病《なんびょう》や奇病《きびょう》を断食療法《だんじきりょうほう》と食事療法、体の強化とゆがみの矯正《きょうせい》で治療してきました。投薬《とうやく》や手術などはいっさいせず、人間本来の治癒力《ちゆりょく》を高める自然治療です。

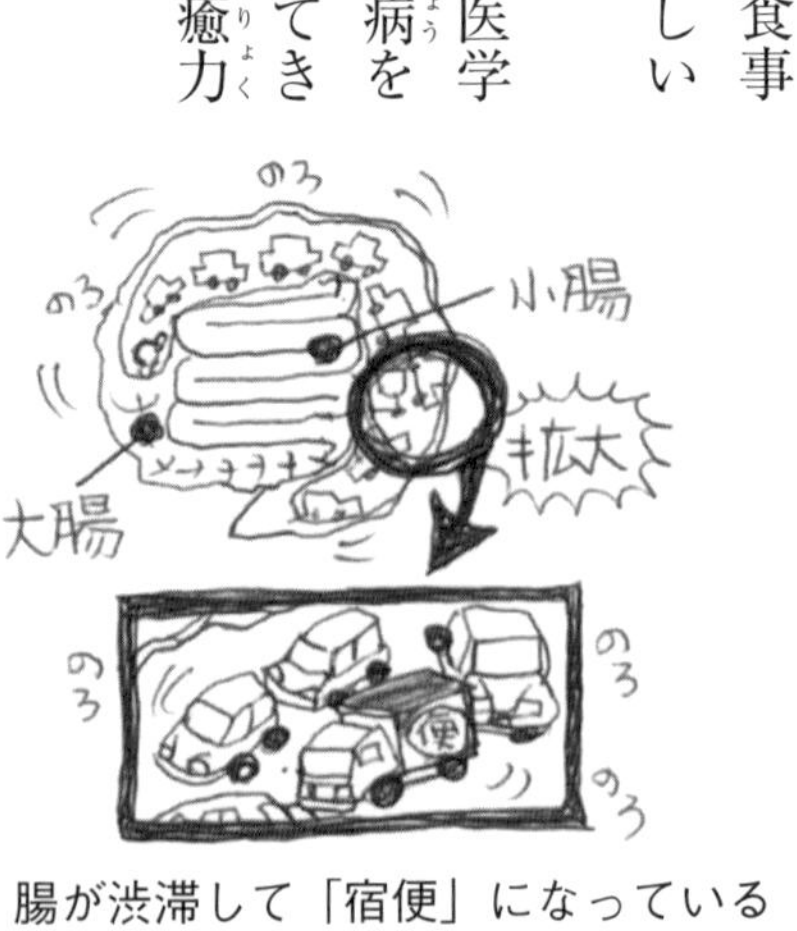

腸が渋滞して「宿便」になっている

甲田先生は、食べ過ぎると「宿便《しゅくべん》」になりやすいとおっしゃっています。宿便とは腸管《ちょうかん》内で渋滞している排泄《はいせつ》内容物のことで、宿便になると胃腸が伸びて垂れ下がり、横に広がったりして癒着《ゆちゃく》が起こります。そして、その部分から血液に毒素が入り込み、アトピー、肌荒れ、ぜん息といった病氣のもととなります。

そこで、ある一定期間、食事を摂らないことで腸内を清掃した状態にし、宿便を排泄しようというのが断食療法の基本的な考え方です。

宿便は食事療法でも防ぐことができます。普段の食事を玄米や野菜、豆類などの自然素材にし、少食にするのです。すると腸が食物からエネルギーを一生懸命に吸収しようとしてエネルギー吸収効率が上がり、内臓の働きや血行が良くなって排毒作用と免疫力が高まります。

免疫力の向上が健康維持に欠かせないことは、免疫学のエキスパートとしてご紹介した安《あ》保徹《ぼとおる》先生もおっしゃっていることです。

甲田先生の治療法は自然治療の草分けである「西式健康法」の流れをくんでいます。甲田先生は長年少食を実践され、平成20年に84歳でお亡くなりになりました。

私も甲田先生に習って少食を心がけ、野菜をよく食べています。そのおかげでいつも体が軽く、ほとんど病氣もしません。

それと、私が患者様に紹介して一番効果をあげている腸内改善食品に「惚れ惚れウンコの素」があります。是非お試しください。

食べ物といえば、アンバランスな食生活をしている人は、それが行動に表れるというのをご存じでしょうか?

例えば、甘い物ばかり食べている人は寂しがり屋で、わがままな傾向にあり、いつも誰かに甘えたいと思っています。辛い物を好む人は日々の生活に刺激を求めています。肉ばかり食べている人は動物的で感情をコントロールしにくく、怒りやすかったり、キレやすかったりします。

こんな具合に食事と人間性、性格、人相は関連しているのです。興味深いですね。

幸運を呼ぶ法則

その19

たまには朝食を抜いて胃腸を休ませてあげましょう。
食べすぎは、病の元!!

幸運を呼ぶ法則20

ミネラル不足による学習・運動の問題

さて、多くの方はお子さんの学習面や運動面に問題があると、ダイレクトに学習の強化や運動の強化をしようとしてしまいます。お気持ちはよくわかりますが、それでは問題は解決しません。

図にもあるように、そういった問題の第一は腸内環境にあると考えられます。腸内環境が良くないとミネラルをうまく吸収できず、学習や運動の際にミネラルが酵素として働きません。すると脳細胞のシナプスがうまく興奮できず学習面や運動面に支障をきたします。

シナプスとは神経伝達物質ですから、このシナプスがつながらない状態でいくら勉強しても学習効果はあまり見られませんし、運動のパフォーマンスを上げたくても、体は思うように動きません。

これらの理由から、学習や運動に問題があると感じた時にはミネラルが上手く働くよう腸内環境を改善する必要があるのです。

では、腸内環境を良くするには何をすればいいのでしょうか？

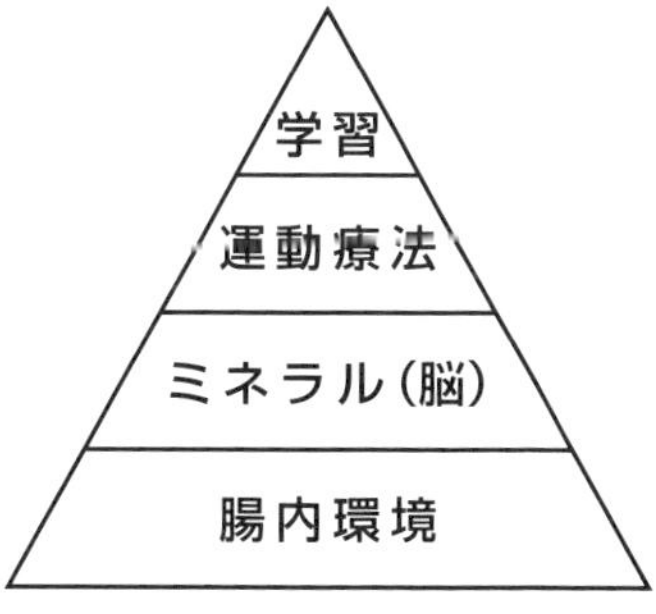

答えは複数ありますが、代表的なものを挙げてみました。

1. 発酵食品をとる
2. 野菜、穀物、豆類、などをとる
3. 海藻などの水溶性食物繊維をとる
4. 水分を十分にとる
5. ビタミンCをとり、傷ついた腸内の修復をはかる
6. 小麦を控え、腸を傷つけないようにする。感情のコントロールが出来ないお子さんには糖質も控える
7. 抗生物質をできるだけ使わない（善玉悪玉を問わず腸内細菌を死滅させてしまう）
8. よく噛む
9. お腹を冷やさない
10. 皮膚を強くする。乾布摩擦や冷水を浴びたりして肌が強くなると免疫アップ。

学習面や運動面に問題のあるお子さんを持つ親御さんから、「うちの子は野菜を食べません」とか「パンしか食べません」「決まった食品以外食べません」という声がよく聞かれます。

本来であれば最初に腸内環境を改善し、食品からミネラルを吸収しやすい状態にするべきなのですが、お子さんに無理にいろいろなことをさせようとすると、それぞれでストレスが

溜まり緊張感が高まって、ますます腸内環境が悪化してしまうケースがしばしばあります。

また、緊張感が強いがために腸内環境を損なっている場合も多いので、お子さんには何事も無理強いしてはいけません。

そこで、そんな時は「白だし」「味噌汁」「アゴ入りふりかけ」からスタートすることをおすすめします。一番取り組みやすく成功率も高い方法です。


味噌汁は、野菜が苦手なお子さんなら汁だけからでも構いません。

一方、アゴ入りふりかけは95パーセントくらいのお子さんが、白いご飯にかけると食べてくれるようです。

白だしは味噌汁に入れてもいいし、お子さんが好きなポテトフライやウィンナーにほんの少しふりかけることからスタートしても大丈夫です。

こんな少しの量でミネラルなんて取れるの？　と思われるかもしれませんが、亜鉛などのミネラルが少し補充されると味覚障がいが改善され、食べられるものが増えてくることが多いんですよ。

微量ミネラルを摂り、そこから腸内環境を良くすれば、体はミネラルを上手く吸収できるようになって、シナプスの興奮が上手く行われるようになります。シナプスが上手く繋がると運動療法の効果が倍増し、苦手だった学習にも積極的に取り組めるようになります。

無理強いはいけませんが、「うちの子は食べないから」と決めつけずに、毎朝毎晩、親御さんが美味しそうに味噌汁を飲むようにしてみてください。お子さんに必ず変化が見えてきますよ。わが家でも毎朝毎晩、そうしています。

また、最近では子どもの「カフェイン」過剰摂取による問題も取り上げられています。私も緑茶やコーヒーを一日に何杯か飲んでしまっているので反省しています。

カフェイン中毒の特徴的な症状として、興奮／不安／ふるえ／頻脈／利尿／胃腸系の障害／痙攣／不眠などが挙げられているそうです。

発達障害やキレやすいといわれる子どもたちやうつ病の方も、もしかしたらカフェインの過剰摂取が原因で落ち着かないとも考えられます。まずはカフェインなしの麦茶やミネラル豊富な水を飲ませるようにして、チョコレートも控えるといいですね。

カフェインレスの飲み物には、そば茶、ルイボスティー、黒豆茶、杜仲茶、麦茶などがあり、市販のペットボトル飲料にも爽健美茶や十六茶などカフェインゼロの商品です。一度試してみてください。

幸運を呼ぶ法則
その20

キレやすい子どもやうつ病の方には、まずミネラル補給をしてください。

幸運を呼ぶ法則21

体温と波動《はどう》の高さ

体温は高い人のほうが病氣になりにくいと言われています。

免疫学のエキスパートで、ガンを治す4カ条を提唱《ていしょう》されている安保徹先生も、体温が39・5度以上になるとガンがなくなる可能性が高くなるとおっしゃっています。体温が高いということは波動《はどう》（バイブレーション）が高く、高エネルギーだからです。

波動については第5章で詳しくお話するとして、ここでは波動の高い人は「氣」をたくさん持っていて、エネルギッシュで意識が高いと考えていただければ結構《けっこう》です。

ちなみに、こういう人のことを「氣高《きだか》い人」と呼びます。

性格が合う人のことを「波長が合う」と言いますが、波長も波動と同じような意味でつかわれています。

さて、ここからは理科の勉強です。

波動	高い	普通	低い
体温	高い	普通	低い
血液	サラサラ	普通	ドロドロ
人体	軽い	普通	重い
性格	明るい	普通	暗い
人生	ハッピー	普通	不幸
氣	多い	普通	少ない
思考	前向き	普通	後向き
水	水蒸気	水	氷

この世に存在する物質《ぶっしつ》は人体《じんたい》も含め、全て原子《げんし》から成り立っていて、原子は、プラスの電荷《でんか》を帯《お》びた原子核《げんしかく》の周《まわ》りをマイナスの電荷を帯びた電子が飛び回っているため、常に振動しています。

この振動が高ければ高いほど身体は温かくなります。

上の表を見てください。波動の高さによる物質の状態です。

このように波動が高ければ高いほど、物質に良い影響をもたらします。

実際、私たちの体は病氣になる前に精神の波動が低下し、次いで肉体の波動が低くなります。

波動が低いと病氣の大きな原因となるバクテリアやウイルスに感染しやすくなります。

「病は氣から」と言いますが、これは的《まと》を射ていて、心配や不安がもとで精神の波動が低下したとき、人体で病原菌《びょうげんきん》が活動し始め、伝染病《でんせんびょう》にかかりやすくなります。
波動を高めて体温を上げ、軽快《けいかい》なフットワークで健康な暮らしを送りたいものですね。
波動の高め方については第5章でお話ししたいと思います。

幸運を呼ぶ法則
その21

波動を高める良い言葉は「ありがとう」

幸運を呼ぶ法則22

❋氣

「氣」が生きるためのエネルギーであることは、すでにお話しした通りです。

氣を増やすには元氣で幸運な人のそばにいることも一つの方法です。

落ち込んでいるときに元氣な人と話したら、なんだか元氣が出てきたという経験、したことありませんか？　それは氣が大きいほうから小さいほうへ流れる習性だからです。私はいつも患者さんにたくさん氣をあげています。

でも、自分で氣を取り込めるようになればいいと思いませんか？

氣は意識の持ち方で取り込むことができます。つくり出すことも可能です。

通常、人は食べ物や飲み物、あるいは森や山、木などの自然から氣を取り入れますが、物質に頼らず空氣から取り入れることもできます。そういう人たちは自然と一体となり、自然のエネルギーが自分に流れ込んでいるのをイメージしながら氣を取り入れます。

つまり氣というのはイメージや意識でつくり出すもので、人間性を高め、意識を高く持つことで増やすことができるのです。これからの社会はこうした人たちが増え、物質時代から精神時代へと変わっていくことでしょう。
氣についてもっと学びたい方は、私の師匠である氣療塾学院の神沢瑞至《かんざわただし》先生に学ぶと良いと思います。まずは、神沢先生の新著『自他治癒力を身につけよう』（文芸社）をお読みになってみてください。

幸運を呼ぶ法則
その22

氣を感じようとすると
生命の源である「脳幹」が活性化して健康に！

幸運を呼ぶ法則23

酸素《さんそ》

酸素は人が生きていくために、なくてはならないものです。

最近では酸素水や酸素バー（カプセル）などの商品も市販されていて、ご利用になっている方もいらっしゃるのではないでしょうか。

人は食事をしなくても、案外生きられるものです。水も少しの間ならば飲まなくても平氣です。しかし、酸素がなくなると途端《とたん》に息ができなくなり、数分程度しか生きていられません。言うまでもなく酸素は人にとって最も大切な栄養なのです。

日頃から酸素を十分に取り入れている人は健康です。

酸素をたくさん取り入れるコツは、長く深くゆっくりと呼吸をすることです。「長生き」している人は長く息をしているから長生きなのです。

反対に呼吸が浅い人は酸素が不足して、いつも眠かったり、体がだるかったりしてイライラしがちです。「短氣」というのは「氣が短い」という意味ですが、「呼吸が短い」ということでもあります。

あくびや倦怠感《けんたいかん》は、酸素不足による脳の働きの低下が原因で起こります。脳の働きが鈍《にぶ》ると活動性も低下して、体内の酸素をあまりつかわなくなります。ですから健康で活動的に生きるためには、酸素をたくさん取り入れることが大切なのです。

酸素をたくさん取り入れるには、呼吸を意識しましょう。

呼吸は「鼻呼吸」に限ります。人は他の動物たちと違って口でも息をすることができますが、鼻呼吸をすると温かい酸素が体内に送り込まれ、体温が上がります。体温は高いほうが病氣になりにくいことは、すでにお話しした通りです。また、口で呼吸をすると虫歯や鼻炎、風邪にかかりやすくなります。人間の呼吸の基本は鼻呼吸なのです。

自然が多い場所のほうが、きれいな酸素がたくさんあるので、時には緑豊かな山などに出かけ深呼吸をしてみてください。全身に氣が満ちてくるのがわかるはずです。体が軽くなるのを感じるはずです。

深呼吸の仕方は吐いて、吸って、止めてを5秒ずつ10回繰り返しましょう。それができたら今度は各工程を10秒ずつに延ばしましょう。すると1分間に2呼吸することになり理想的です。

これを10分間くらい続けられるようになれば、心がリラックスして体が温まり、とても穏やかな氣持ちになります。

さらに、1分間に1呼吸できるようになると集中力がとぎすまされて超能力が身につくと言われています。

超能力はともかくとして、日常生活の中で集中力を高めることができたら、今よりもっといろいろなことができるようになります。

例えば、難関《なんかん》の司法書士試験に合格した髙橋欣也さんがそうです。

彼は私が発行している二つのメールマガジンのうち、健康や成幸をお手伝いする『アクアタイムズ』（週1回発行）を読んでくれていました。（もう一つは、運氣を上げる『奇跡のメルマガ』（週1〜2回発行）です）

ちなみにメルマガを読んでくださった方からは、「重い病氣が治った」「仕事の契約が決まった」「スポーツで優勝できた」などたくさんの効果が報告されています。うれしいことですね。

その一人である髙橋さんは大事な試験のとき、深呼吸をして集中力を高めたそうです。深呼吸の効果を実感したという髙橋さんの体験談をご紹介しましょう。

矢島先生のメルマガをいつも楽しみに読んでいます。矢島先生のメルマガは、ついネガティブ思考になりがちな長い受験生活の支えになりました。

私が目指した司法書士試験はとても狭《せま》き門です。私も4回目の挑戦でやっと合格したのですが、そのときの合格率は2・8パーセント、倍率にして35・3倍でした。試験のときは当然プレッシャーがかかります。1次試験、2次試験と進んでいくと、残る受験生はみんな優秀ですから、合格、不合格の差はおそらくそれほど大きくありません。そこで何が合否を左右するかというと、試験でどれだけ本来の力が出せたかと、あとは運だと思います。

私は合格した試験で、解答用紙を配られるまでの時間、矢島先生のメルマガに書かれていた深呼吸をしました。5秒息を吐いて、5秒吸って、5秒止めるという呼吸法です。日頃からやっていたわけではないのですが、ふと思いついてやってみたら、不思議なほど氣持ちが落ち着いて、試験に集中することができました。

矢島さんのメルマガに出会えた私は幸運です。本当にツイてると思います。矢島さんのメルマガはスポーツやビジネスだけでなく、各種資格試験を目指す人たちにも効果のある「脅威《きょうい》のメルマガ」だと実感しています。ありがとうございました。

司法書士　髙橋欣也

深呼吸はどこでもできます。

最初のうちはぎこちなくても、何度かやっているうちにできるようになりますから、氣軽に試してみてください。

メルマガもぜひご参考に。

幸運を呼ぶ法則
その23

人間の呼吸の基本は鼻呼吸です。

アゴを引いて鼻呼吸で深呼吸！

幸運を呼ぶ法則24

❖体と心の相関関係

体は心を表します。心が変われば体も変わりますし、その反対もあります。

例えば姿勢の良い人には真面目な性格の人が多く、健康で「氣」を多く取り入れることができます。良くない姿勢で呼吸をするよりも、姿勢を正して呼吸をしたほうが体内に酸素を多く取り入れられるからです。

また、右肩が下がっている人は胃腸《いちょう》が弱く、ストレスを抱えやすい体質で、左肩が下がっている人は心配事《しんぱいごと》が多く、心肺機能が弱い人が多いようです。

これらの不調は体のゆがみを治すことで改善できますが、ゆがみの中でも特に注意したいのが腰です。

腰という字は「月」に「要」と書きますね。「月」は胴体《どうたい》を表し、「要」は「かなめ」と読みます。つまり腰は体の要なのです。

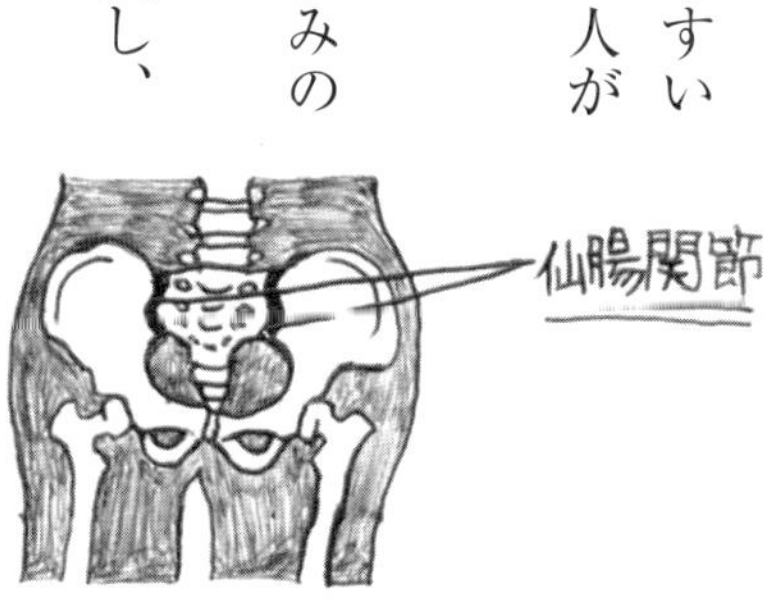

骨盤（腰）の要の仙腸関節

腰すなわち骨盤のゆがみは全身に影響を及ぼします。中でも「仙腸関節《せんちょうかんせつ》」と呼ばれる仙骨《せんこつ》と腸骨《ちょうこつ》の間の関節は体を支えるのに最も重要な場所で、ここにズレが生じると、関節を取り巻く筋組織や靭帯《じんたい》に多大な負担がかかり、神経を圧迫して腰や下肢に痛みなどをともないます。

重い荷物の上げ下ろしや日常的な不良姿勢、精神的ストレスなどから発症するようなので氣をつけたいものです。

他にも人の話をよく聞く人は耳が大きく、目の大きな人は社交的で、鼻が細くて高い人はプライドが高いと言われます。ちなみに鼻は自我《じが》を表していて、自己主張の強い人は高く、協調性のある人は低いようです。

そういえば赤ちゃんの鼻は低いですよね。赤ん坊はまだ独りでは生きられないので鼻が低く、やがて自我が発達し、自己主張をするようになるに連れて高くなってくるのです。

また欧米人は鼻が高く、日本人の鼻は低いというのも、自己主張が強い国民と、もともと小さな島国で協力し合って生きている国民という国民性の違いがあるのかもしれません。

さらに額《ひたい》は天を、口や顎《あご》は地を表すので、額の広い人は知識や知恵が豊富。口や顎が発達している人は土地や財産といった物質的なものに恵まれていると言われます。

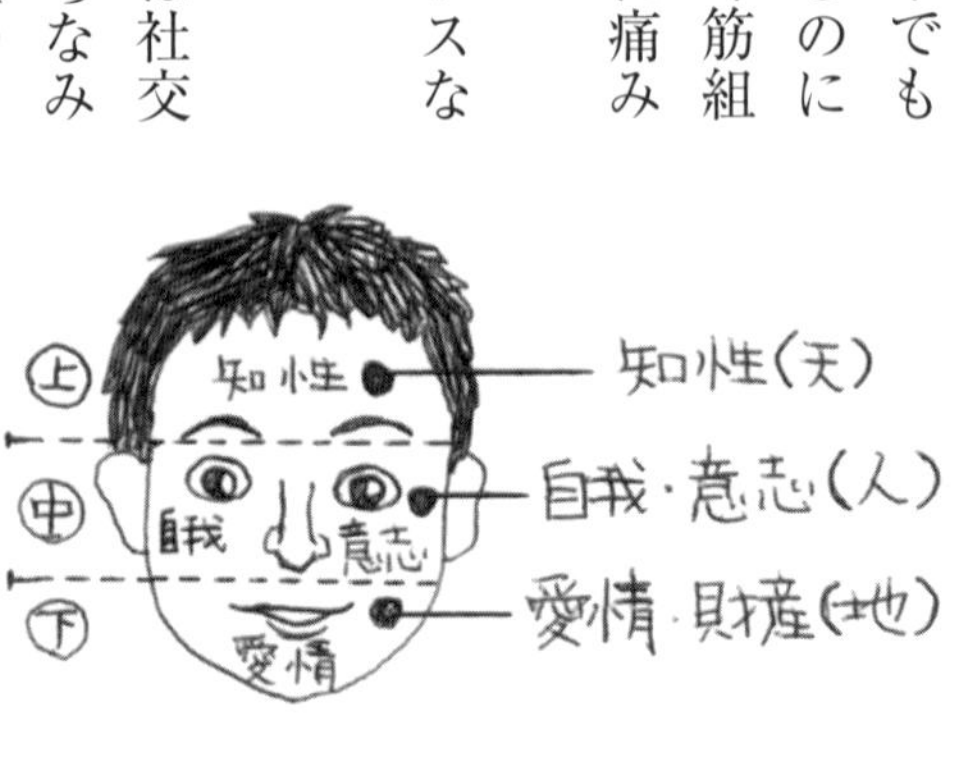

顔は上中下でわかれている

こんなふうに姿勢や人相《にんそう》、手相《てそう》などを観察してみると、その人の性格や習慣《しゅうかん》が結構《けっこう》当たっていて面白いです。

あとは人に何かを言われたときに、「はい」と素直に返事のできない人は「肺」を痛めやすいようです。素直じゃない人は人間関係で摩擦《まさつ》が多く、呼吸が十分でないため、肺に酸素をたくさん取り入れられません。こういう人はぜん息になったり、空咳《からぜき》と呼ばれる咳が多くなったりします。

字にもその人の性格が出ます。枠からはみ出して字を書く人はルールを守るのが苦手ですし、右上がりの字を書く人は元氣で勢いがあり、右下がりの字を書く人は胃腸が弱い人が多いようです。そう考えると履歴書《りれきしょ》や手紙を書くときには注意が必要ですね。さて、あなたの字はいかがですか？

幸運を呼ぶ法則
その24

顔や文字はあなたの全てを表現しています。ニッコリしましょう。

幸運を呼ぶ法則25

悩み、怒り、悲しみ……

人は「悩み」を抱えたり、「怒り」を感じたり、「悲しみ」に暮れたりすることがあります。

どれも普段の生活の中で起こる自然な感情ですが、長く持ち続けていると体に良くありません。

心と病の関係を調べたデータによれば、怒りは肝機能《かんきのう》の低下や脳血管障害《のうけっかんしょうがい》、糖尿病《とうにょうびょう》を、悩みはうつ病や自律神経失調《しっちょう》を引き起こしやすいようです。

では、私たちは悩みや怒り、悲しみといった感情と、どう向き合えば良いのでしょう？

悩みは選択肢が複数あるときに発生しやすく、どれを選ぶべきか迷うことが悩みのもととなります。ですから悩みの多い人は決断力に欠けているともいえます。

迷ったときに一番良いのは、自分の本当の心が痛まない選択を心がけ、一度決めたら、とことん突き進むことです。そうして選んだ道は、あなたにとって正しい選択ですから自信を持ってください。そうすれば悩みも減ってくるでしょう。それと、悩みの60％は「人と比べる」ことによって生じるとも言われています。人と比べないことが大切です。

次に、怒りは最小限にとどめることが必要です。

怒ると人の体内には大変強力な毒素《どくそ》が発生します。その毒素は別の生き物に与えると即死《そくし》してしまうほどの猛毒《もうどく》です。つまり怒ってばかりいる人は自分で自分の体を壊していることになります。だから怒るのは良くないのです。

できるだけ怒らないためには深呼吸を心がけ、酸素をたくさん取り入れましょう。イライラしたり、相手の短所ばかり見るのではなく、良いところを見つける努力もしましょう。カッとなったりしたときは、とにかく深呼吸です。そして「ありがとう」と言いましょう。すると不思議と怒りが静まります。

一方、悲しみは一体感をなくしたときに起こる感情で、大切な人を失ったり、仲間に入れてもらえなかったりしたとき、人は悲しみます。しかし、悩みや怒りとはやや違い、決して良くない感情ではありません。

ただし、長く引きずっていてはいけません。そのためには悲しむべきときに悲しむことです。無理に感情を抑え込んでしまうと、後々まで引きずることになるからです。

悲しむだけ悲しんだら、あとは悲しみを乗り越えるための「楽しみ」を見つけましょう。形ある物は、いつかはなくなります。人にせよ物にせよ、永遠ではありません。

しかし、それは目の前の物体がなくなるだけで、その人を想う心や、その人の魂、物がもたらしてくれた幸福な氣持ちは消えることはありません。全ては心が決めることですから、形にとらわれてはならないのです。

例えば、あなたにとって大切な人が危篤《きとく》だという知らせを受けたとしましょう。途端《とたん》に悲しみが湧《わ》き起こることでしょう。ところが実は人違いで、誤報《ごほう》だったとわかったら、その瞬間に悲しみは消えるはずです。

このことから言えるのは、悲しみは相手の実態《じったい》と関係なく、自分の不安な心がつくり出すということです。あらゆる感情は、あなたの心の状態が左右しているのです。

「病は氣から」と言いますが、ガンと告知されて毎日を暗く生きる人もいれば、「必ず良くなる」と信じ前向きに過ごす人もいます。また、ガンなのにガンであることを知らずに明るく過ごしている人もいます。まさに氣の持ちようで、実態と心は必ずしもイコールではないのです。

どちらの人生が楽しいか、言うまでもありませんね。

幸運を呼ぶ法則
その25

不安や心配事の80％は、
現実には起こらない。

幸運を呼ぶ法則26

携帯電話、テレビ、パソコン

携帯電話《けいたいでんわ》から出る電磁波《でんじは》が体に良くないことはよく知られています。

海外では携帯電話を販売する際、イヤホンマイクを標準サービスでつけるべきだとの訴えを起こしている国もあるそうです。

そういう国では人々が電磁波の影響にとても敏感《びんかん》なので、企業が携帯電話の中継基地局の場所を公開するなどして対応に努めています。

これら諸外国に比べ日本では電磁波への関心が低く、その影響が日常的に取りざたされていないせいか、あまり情報公開はされていないようです。

確かに電磁波は目に見えませんから、どう対処すればよいのかわかりにくいということもあるでしょう。

ただ、携帯電話で長時間話をしたり、メールをしたりすると帯電《たいでん》といって体に電氣を帯びた状態になり、良くないようです。

携帯電話やパソコンをひんぱんにつかう人は、頭への帯電を除去するために頭や顔をさすったり、お風呂でよく洗ったりしてください。

妊婦の方は胎児《たいじ》への影響が考えられるので特に注意が必要です。

ホットカーペットや電氣毛布、暖房便座《だんぼうべんざ》からも電磁波が出ていますから、できるだけつかわないように心がけたいものです。携帯電話はバッグに入れて持ち歩いてください。

テレビやパソコンのモニターからも電磁波が出ています。

電磁波は真っ直ぐに飛ぶので、モニターの向きを変えることをおすすめします。市販されている電磁波除去シールやフィルムなどをつかうのも良いでしょう。

照明《しょうめい》にも注意が必要です。

電氣には全て波形《はけい》があって、私たちが日常つかっているおもな照明では、蛍光灯《けいこうとう》が交流型《こうりゅうがた》、白熱電球は直流型《ちょくりゅうがた》と呼ばれています。直流型は太陽光線と同じ波形なので、人や生き物に影響はありませんが、交流型はあまり良くありません。

ですから室内照明やパソコンをつかうデスクの照明などは直流型に替えると良いでしょう。

私も自分のデスクで直流型のスタンドライトをつかっていますが、光がとても優しいので目の負担が軽減され、疲労の度合いも違います。

他にも電子レンジをつかう際には、電子レンジが出すマイクロ波を遠赤外線にしてくれる鍋もあります。

これらの器具を上手に活用し、電化製品と仲良く暮らしたいですね。

幸運を呼ぶ法則
その26

電化製品のつかいすぎに氣をつけましょう。自然に近い状態に身を置くのも大切です。

幸運を呼ぶ法則27

野菜、食塩、水

野菜、食塩、水。どれも人が健康に暮らしていくために欠かせないものです。あなたはどれくらい氣をつけていますか？

最近の野菜は除草剤《じょそうざい》や酸性雨《さんせいう》で土地自体が栄養不足になっており、かつてほどミネラルが豊富ではないと言われています。

これからの時代は農薬や除草剤をつかわず、有用な微生物《びせいぶつ》が集まったＥＭ菌や微生物をつかった自然そのものの肥料を中心にするべきでしょう。

それには無農薬で栽培を行う自宅農園が理想的です。

無農薬野菜が美味しくて体に良いのはもちろん、地元で収穫《しゅうかく》された野菜を食べることで地場（磁場）の「氣」を多く取り入れることができます。

また、野菜は日本人の体に合っています。

肉などの動物性たんぱく質は体内で腐敗《ふはい》しやすく、宿便や腸内で毒素を発生する要因となります。なぜなら肉食の多い欧米人は腸が短く、腸内で腐敗が起こりにくい体の構造になっていますが、もともと農耕民族である日本人は腸が長く、肉食には向かないからです。野菜と肉の摂取比率は8：2くらいが好ましいでしょう。できれば菜食をおすすめします。

食塩は原材料名に「海水」と記載されている自然塩を摂りましょう。「塩分は控え目に」と言われますが、それは化学精製塩（塩化ナトリウム）のことで、ミネラルバランスに優れた自然塩は摂るべきです。

最近のさまざまな病氣も塩不足が原因ではないかとも言われています。ただし高血圧などの方は、ご自身で勉強してみてください。『現代病は塩が原因だった！――「精製塩＝化学塩」はこんなに怖い！「にがり」不足が諸悪の根源だ』（真島真平著、泉書房刊）は勉強になります。

近年の健康ブームで水を大量に飲む人が増えていますが、同時に自然塩も摂りましょう。そうしないと塩分不足による脱水症になり、足がつったり、むくみやすくなったりします。よく足がつるという患者さんやスポーツ選手に自然塩をすすめていますが、皆さんすぐに症状が治まったと言います。ただし、摂り過ぎも良くないですよ。

水についてはクラスターと呼ばれる粒子が細かいことと、酸素を多く含んでいることがポイントだと思われます。

水道水を飲む場合はトリハロメタンなどの発ガン性物質や塩素を除去するフィルターを蛇口《じゃぐち》に取りつけ、「感謝」や「ありがとう」と書いたペットボトルに入れておくと、一日で粒子が細かくなり、塩素も飛んでしまうようです。これなら安価ですし体にも良いです。ちなみに私は、「きららの石の活水器」というのを使っています。

お風呂の水についても、お風呂好きの日本人は大量の塩素《えんそ》を体に取り込んでいると言われているので、循環させて利用したり、シャワーヘッド部分にフィルターを取りつけたりして塩素を除去する工夫をすると良いでしょう。

このように野菜、食塩、水と健康は切っても切り離せない関係にありますから、普段から氣をつけている人に健康な人が多いのは言うまでもありませんし、そういう人たちが幸運であるのもまた自然の流れなのです。

塩と水を良いものに変えると、健康になります。

幸運を呼ぶ法則
その27

塩がたりない人を「しょがない」と呼びます。
塩（縁）を大切にしましょう。

5章

幸運を引き寄せる
ための
大切な心がまえ

幸運を呼ぶ法則28

物事の真理《しんり》を知る

第1章から第4章までは運とは何か、幸運な人とはどんな人のことなのか、そうでない人はなぜ運が良くないのかなどについてお話ししてきました。

ここからはいよいよ、あなたが幸運になるための本質に迫っていきたいと思います。

その前に知っておかなければならないことがあります。それは物事の「真理」です。

私たちは人である以上、「人間とは何か」を考える必要があります。人はどこから来て、何をするために生まれてきたのか、それを考えることが人間の魂を向上させるための第一歩です。魂の向上なくして人の成長はあり得ません。人間は肉体だけではなく、魂を持った霊的な存在だからです。

魂は、人体が十月十日《とつきとおか》の間、母胎の羊水《ようすい》の中で形成され、

霊（魂）は肉体という殻に入っている

「オギャー」と産声を上げて息をしたときに宿ります。人が生き始める瞬間です。それを朝（あさ）と書きます。

生きているということは「息をしている」ことにほかなりません。それには酸素が必要です。酸素は体の中で水素とバランスが取れているとき、血液が中性となり、私たちの体は調和した状態になります。

人間は60兆個という膨大な数の細胞が調和して生きている集合体で、酸素と水素のバランスがとても大切です。

調和といえば、人は祈るときに手を合わせますね。あれは右手がプラスのN極、左手がマイナスのS極にあたるため、手を合わせることでプラスマイナスゼロになり心が調和するからです。

心静かに手を合わせ、目をつむると、鳥の声や子どもたちの笑い声がします。通りを走る車の音が聞こえてきます。

そんな周りの音に耳をすましていると、自分が自然の一部であることに氣づき、生まれながらの「生命」の存在に氣づかされます。

これこそが真理を悟るための第一歩だと、私は思うのです。

今あるものに心から感謝をしたとき、心から切に何かを願うとき、人は自然に両手を合わせます。両手を合わせることで心が調和すること、そして全てが調和したときに無限の力が生まれることを本能的に知っているからです。
目に見えるものは氷山の一角です。見えない部分にこそ真理が隠されていることを知りましょう。

幸運を呼ぶ法則
その28

いつでも時間があれば両手を合わせて感謝しましょう。

幸運を呼ぶ法則29

お金と健康

スマートフォンのiPhoneやパソコンのMacなどでおなじみ、アップル創業者スティーブ・ジョブズ氏がCEOを退任した2011年8月、アップル社の時価総額は石油メジャー最大手のエクソンモービル社を抜き、世界最大の企業となっていました。

すでにこの時、ジョブズは癌が転移していて、自力で歩くことができなかったそうです。

そんなジョブズが最後に語ったとされる言葉をご紹介します。この言葉は公式ではなく、Facebookなどのネット上で語られることで信憑性は不確かですが、私は信じております。

私は、ビジネスの世界で、成功の頂点に君臨した。

他の人の目には私の人生は成功の典型的な縮図に見えるだろう。しかし、いま思えば仕事をのぞくと、喜びの少ない人生だった。

（中略）

人生の終わりには、お金と富など、私が積み上げてきた人生の単なる事実でしかない。

病気でベッドに寝ていると、人生が走馬灯のように思い出される。

今やっと理解したことがある。

人生において十分にやっていけるだけの富を積み上げた後は、富とは関係のない他のことを追い求めた方が良い。

もっと大切な何か他のこと。それは、人間関係や、芸術や、または若い頃からの夢かもしれない。終わりを知らない富の追求は、人を歪ませてしまう。私のようにね。

(中略)

私があの世に持っていける物は、愛情にあふれた思い出だけだ。

これこそが本当の豊かさであり、あなたとずっと一緒にいてくれるもの、あなたに力をあたえてくれるもの、あなたの道を照らしてくれるものだ。

物質的な物はなくなっても、また見つけられる。しかし、一つだけ、なくなってしまったら、再度見つけられない物がある。

人生だよ。命だよ。手術室に入る時、その病人は、まだ読み終えてない本が1冊あったことに気付くんだ。

「健康な生活を送る本」

あなたの人生がどのようなステージにあったとしても、誰もが、いつか、人生の幕を閉じる日がやってくる。

あなたの家族のために愛情を大切にしてください。

あなたのパートナーのために、あなたの友人のために、そして自分を丁寧に扱ってあげてください。

他の人を大切にしてください。

アップル創業者　スティーブ・ジョブズ
（命日の１９５５年２月24日－２０１１年10月５日）

この言葉からもわかるように、人生にとって「お金」は大切です。

しかし、お金にはキリがありません。お金持ちになりたいのなら、収入の10％を必ず貯金し、お金を大切に扱えば、誰でも簡単にお金が貯まります。

だからこそ、お金がある程度出来たら、お金より「愛」や「健康」を大切にしないと豊かな人生にはならないということ。

だからこそ私は、今、皆さんがいま読んでくださっている私の本が、皆さんにとっての『健康な生活を送れる本』になってくれることを心から祈っています。

幸運を呼ぶ法則
その29

人生を幸運で終わらせるためには「愛」と「健康」を大切にしましょう。

幸運を呼ぶ法則30

神様っているの？

あなたは神様の存在を信じますか？

神様は目に見えませんが、存在しています。


どこにいるのかというと、皆さんお一人お一人の心の中、つまりあなた自身が神様なのです。

「そんなこと言われてもピンと来ないよ」と思われるでしょう。

そもそも神とは「愛」や「調和」を実践する姿を具現化したものです。

そして、この世に生きるもの全てが神の一部です。

神は無限の能力を持っていて、その神と一体である人間にも無限の可能性があります。だから人の想いは実現するのです。

それなのに夢や目標が実現する人と、そうでない人がいるのは「信じる力」に差があるためです。信じる力こそが想いを実現する大きな原動力なのです。


ですので、自分がダメな人間だと思えば、ダメな人間になってしまいますし、自分は神と一体で、無限の能力を持っていると信じれば、そういう人間になります。そう思えば思うほど無限の可能性が増大し、想いは実現するのです。

こういうことがつまり物事の真理で、これを知らない人は自分で自分を束縛《そくばく》し、せっかくの可能性をつぶしてしまいます。

自分の無限の能力に氣づかず、他の何かに執着《しゅうちゃく》したり、とらわれたりして苦しみや病氣を抱えます。こういう人のことを「自縛霊《じばくれい》」と呼ぶのです。

反対に執着《しゅうちゃく》心や束縛《そくばく》心から解《ほど》けた人は「ほどけた人」→「ほとけた」→「仏」と呼ばれます。

仏様というと、なんだか死んだ人のことのようですが、実は人間は死んでから仏になるのではなく、生きながらにして仏になることができます。死んでから仏になるのでは遅いくらいです。

それには真理を知り、自分は何をするために生まれてきたのかを考え、自分の使命をまっとうするための実践を積み重ねていかなくてはなりません。

もしあなたに夢や目標がなければ、人にたのまれたことを一所懸命に、相手の立場にたってやってみてください。それを続

解《ほど》けた人＝仏

たくさんの執着《しゅうちゃく》で縛られている

けていくうち、あなたの使命（氏名）に氣づいていきます。

自分の可能性を信じ、実践してこそ無限の能力は開花するものです。そうなれば、もともと神の一部である人間はこの世に愛と調和をもたらし、世のため人のために役に立って、一切の不幸を超越《ちょうえつ》した超人になることができるでしょう。

そのための実践方法は第6章でお話しします。

幸運を呼ぶ法則
その30

神様はあなたの心の中にいます。
自分の無限の可能性を信じましょう。

幸運を呼ぶ法則31

神様はきっとみている

２０００年シドニーオリンピックのトライアスロン競技に出場した福井英郎選手のお話です。

彼はシドニーオリンピックの日本代表選考で、一時はメンバーから漏れてしまいました。それでも夢をあきらめず、自分のオリンピック出場を信じた彼は大会に備えて練習を積み、毎日祈り続けました。

その結果、他国の選手の出場辞退によるロールダウンという奇跡的な幸運で夢を実現したのです。

私も彼の懸命さに突き動かされ、毎朝近くの浅間神社へお参りに行きました。ある日の朝、神社の記帳ノートに彼の名前があり、「オリンピック出場」と書かれていました。それを見た私は、「もう無理かもしれないのに、毎日朝早くからお参りに来ていたんだな。偉いな」と、心から感動しました。

その日からというもの、毎日神社で彼が帰った後の記帳を見るたび、あふれ出る涙を抑えることができませんでした。

そんな思い出のある彼が、当時の想いをこう語ってくれています。


あの頃の僕は、何一つ飛び抜けた才能を持っているわけでもなく、ただひたすら自分を信じて競技に没頭していました。「オリンピック出場」を夢見て、夢を夢で終わらせないために、常に夢を見るようにしていました。

才能や素質、自分の力ではどうにもならないことで悩まない、自分にできることを誰よりもやろうと決め、それを実践し、夢への想いを強く抱きました。

大会で思うような結果が出ず、上手くいかなかったりもしましたが、夢に対する想いはますます強くなって、いつしか逆境で力を発揮できるようになりました。

そして氣が付けば、自分を支えてくれる協力者がいて、自分の夢はみんなの夢、みんなの夢は自分の夢へと変わっていったのです。人はどんな状況であれ、最後は何かを願う強い氣持ちが全てを引き寄せるのだと思います。

〝オリンピック出場〟の一報を受けるまで僕は、「人事を尽くして天命を待つ」という氣持ちで、一日中、あてもなくバイク（自転車）に乗り、納得のいくまで走って、毎日願いを込めて神社へも足を運びました。

何の取り柄もない自分は、自分の出来ることを、ただひたすら繰り返したのです。

そうして届いた夢をつなぐ一本の電話。それが「オリンピック出場」の一報でした。

まさに全身全霊、全てを込めて突き進んだ時、人は思いもよらない力と流れを作るということ、夢は実現するためにあるということを、僕は身をもって知ったのです。

プロトライアスリート　福井英郎

自分の信念を貫き通した彼は現在、新たなオリンピック選手を育てる優秀なコーチとして活躍しています。彼が、いつも色紙などに書いていた言葉が、今も印象に残っています。

「夢は実現するためにある」

幸運を呼ぶ法則
その31

「夢を実現させた人たち」の共通点は、たった2つ。
「努力」と「感謝」です。

幸運を呼ぶ法則32

❖波動を高める

「あらゆる生命の根元を成すのは波動エネルギーである」

こうおっしゃったのは工学博士《こうがくはかせ》の中根滋《なかねしげる》さんです。

中根博士は、ご自身の著書『蘇生力、水と波動がいのちを癒す』の中で、波動を活用するのに大切な要素は「感じる」「念じる」「信じる」の三つだとおっしゃっています。

波動とは心を動かす波のことで、感動して心が動くと生じます。

よく氣の合う者同士、考え方が一致したときに「波長が合う」と言いますが、それは波動が同じ高さで共鳴し合い、心が通じ合ったことを指します。

波動は空間を伝播《でんぱ》します。波動の存在を証明する面白いエピソードがありますので、ご紹介しましょう。(※現在は、創作であると言われています。)

宮崎県《みやざきけん》の最南端に位置する幸島《こうじま》という無人島で、京都大学の霊長類研究グループが野生の猿を研究観察していたときのことです。

ある日、1匹のメス猿が海水で芋を洗って食べたところ、他の猿たちもこれをマネして芋を洗うようになりました。

動物が食べ物を洗って食べる行為自体、とても珍しいことなので、幸島の猿の話は国内外の注目を集めました。

ところが幸島の猿たちの多くが芋を洗うようになった頃、なんと100キロメートルも離れた大分県の高崎山自然動物園の猿たちも海水で芋を洗い始め、さらには遠くインドネシアのバリ島でも同じ現象が起きたのです。

当然、猿に通信手段《つうしんしゅだん》はないので、離れた地域の猿たちが同時多発的に同じ行動をとるようになったのは不思議なことです。

そこで通信の役割を果たしたのが空間を伝播《でんぱ》する「波動」だと考えられています。ある行動や想いが一定数に達すると、それらは波動という伝達手段で距離や空間を越えて広がっていくのだそうです。このことは多くの動物学者や心理学者が研究した結果、猿だけではなく、人間を含む哺乳類《ほにゅうるい》や鳥類、昆虫にも見られる現象であることがわかりました。アフリカの動物学者であり生物学者でもあるライアル・ワトソン博士などは、これを「100匹目の猿現象」と名づけています。

同じように人類が世の中を良くしたい、平和に生きたいという想いを持ったとき、それが一定の人数に達すれば、戦争などの争いごとがなくなると考えられています。

平和を願ったり、人を思いやったりできる人は波動が高い証拠です。波動が高い状態になればなるほど、良いことがたくさん起こりやすくなります。

波動を高めるコツは「喜ぶ」「感動する」「感謝する」です。うれしいことがあったら素直に喜び、感動し、心から感謝をしましょう。とても簡単なことですよね。

幸運を呼ぶ法則

その32

波動や氣を感じる方法は「感じる」「信じる」「念じる」

幸運を呼ぶ法則33

言《こと》霊《だま》

私たちの言葉には「言霊」という力があり、口にした言葉は現実のものになります。ですから日頃から良い言葉づかいを心がけることで、良い運にも恵まれます。

では、なぜ言葉がそれほどまでに力を持っているのでしょう？　ここではそのことに触れてみたいと思います。

突然ですが、あなたは「宇宙」と聞いて何をイメージしますか？

宇宙とは人間の起源《きげん》です。私たち人間は個々で成り立っていると思いがちですが、もともとは宇宙の一部であり、意識も「宇宙意識」から生まれてきています。宇宙意識は私たちの「潜在意識」とつながっていて、無限の創造力《そうぞうりょく》を持っています。だから宇宙は何でも自由につくり出すことができます。（P153の図を参照してください）

人間も、もともと宇宙の一部でした。その人間が宇宙と一体感を感じ、つくりたいものを「提案」すれば、宇宙がそれを形にしてくれるというわけです。

提案の一つの形が言葉です。私たちの口から発せられる言葉は繰り返しつかえばつかうほど潜在意識にインプットされ、インプットされた言葉には宇宙の創造力が作用し、実現へ向かいます。潜在意識は宇宙意識とつながっているからです。

聖書にも「はじめに言葉ありき」とあるように、全てを生み出すのが言葉です。どうか言葉を大切につかってください。話す言葉だけでなく、聞く言葉、見る言葉にも注意をしてください。

例えばこんなふうに言葉の言い換え上手になってみてはどうでしょう?

「もうダメだ」→「きっと上手くいく」
「貧乏だ」→「もうすぐお金持ちになる」
「痛くてしょうがない」→「明日は楽になるだろう」

幸運を呼ぶ法則
その33

宇宙意識は潜在意識とつながっています。
どうぞ宇宙に「良い言葉」を発してみてください。

自分の想いと言葉が自分に戻ってくる

幸運を呼ぶ法則34

魂は生き続ける

人間は物質的な存在ではなく霊的な存在だということはお話した通りです。

たとえこの世から肉体が消えても魂は生き続けるので、「死」を悲しむことはありません。それでも「死後《しご》の世界」のようなことが語られていますから、死に対して不安になるのも仕方ないかもしれません。

しかし本来、死後の世界は存在しません。魂は生き続けるので、死というもの自体が存在しないのです。

人間の魂は、今世《こんせ》でさまざまなことを学習するために肉体という殻《から》を借り、学習を終えると、さなぎが成虫になって殻を破るように、肉体から出て行くだけです。それを私たちは死と呼んでいます。

ですから今世では、自分が自由で無限の存在であることに氣づき、その無限性を表現するために学習しなくてはなりません。来世を望んだり、過去世を氣にしすぎたりするのは良いことではありません。

今を一所懸命《いっしょけんめい》に生きるために、なぜ自分は生まれてきて、何をするために生きているのかを考えましょう。自分の無限の能力を信じて、愛と調和に満ちた暮らしをすれば良いのです。（※人生の目的がわからない時は、とにかく人にたのまれた事を喜んで続けてください。）

体外離脱《たいがいりだつ》で有名なアメリカのモンロー研究所で最終段階に達したと言われる森田健さんは、「究極の外まで行って会った存在が私自身だった」と、ご自身の著書『不思議の科学』に書いています。

「究極の外」とは「自分の心の中」を意味しています。霊的な存在である人間は宇宙や神とつながっているので、行き着くところは自分の心の中だということです。ということは、人間は常に自分の心と対話し、日頃から心をきれいにして、魂の波動を高めながら成長しなければならないということですね。

今日から「魂は生き続ける」という真理のもと、腹を立てたり、イライラしたりすることなく、毎日ニコニコ笑って過ごしましょう。今、あるものに感謝しましょう。合い言葉は「ありがとう」です。

幸運を呼ぶ法則
その34

魂は生き続けます。
過去や未来ではなく「今」を生きましょう。

6章
さぁ、幸運を掴みにいこう！

「ワクワク」を増やそう

第6章では、あなたが幸運になるために実際何をすれば良いのかをお話していきたいと思います。

幸運になるための「実践編《じっせんへん》」といったところですね。では、始めましょう。

あなたは「バシャール」という名前を聞いたことがありますか？ 1986年に初来日し、日本でもブームになったので、ご存じの方もいらっしゃるかと思います。

バシャールとは、アメリカ人のダリル・アンカという人がチャネリングする（見えない意識体と交信し、同調した周波数の意識をキャッチする）霊的な存在のことです。バシャールはアラブ語で「指揮者」「存在」「メッセンジャー」という意味だそうです。

「霊」なんて言うと、何か変なものを想像されるかもしれませんが、すでにお話したように人間はそもそも霊的な存在ですから、不安がることはありません。

その証拠にアンカが霊媒《れいばい》（媒介者）となって世界中の人々に伝えたバシャールのメッセージは、「ワクワクすることをしよう」という楽しいものでした。アンカの自著『BASHAR』

から適切で面白い一文をご紹介しましょう。

今、一番ワクワクすることをやることによって（生きる目的が）わかります。興奮しているときこそ、あなたが100パーセントのエネルギーをつかっているときなのです。ワクワクできることというのが本当の調和の道を見つける鍵となります。

皆さんは宇宙に対して「われわれがどういう道を歩いていけばいいのか、何かサインをください、ヒントをください」と言いますが、宇宙はすでにそれを送っているのに、あなたが氣づいていないだけなのです。

あなたを興奮させるものが、あなたのこれからの方向性を見つける大切な鍵になります。自分を信じてください。そうすれば信じられないくらいの早さでスムーズに物事が流れていくでしょう。

『BASHAR』より

バシャールはこれまで多くの人々の相談に乗り、「人生で最も大切なことは自分がワクワクすることです。ワクワクすることに無理や努力は必要なく、いくらやっても疲れません」と言いました。そして、ワクワク感を感じることは成功すること、つまり天職だとも言っています。

「そんなことを言ったって、今の生活は簡単に変えられないよ……」という方も多いことでしょう。確かに私たちは子どもの頃から、「人にはできないことがある」と言われているせいもあって、長い年月を過ごすうちに、せっかくの夢や目標もあきらめてしまいがちです。

でもバシャールは言っています。「本当はできないことなど全くないのです。できないものを宇宙が与えることは絶対にありません。信じるか信じないかは、あなた自身の選択です」

自分のワクワク感を素直に感じて行動してみましょう。きっとすばらしい出来事や素敵な出会いがたくさんあるはずです。そう考えると楽しみで、なんだかワクワクしてきませんか？　日々の生活の中でワクワクできるなんて感謝ですね。ありがとうございます。

幸運を呼ぶ法則
その35

ワクワクすることをやりましょう！
それがあなたの進む道です。

幸運を呼ぶ法則36

イヤシロチをつくろう

「イヤシロチ」をご存じですか？

イヤシロチとは「全てが癒《いや》される場所」のことで、物理学者の楢崎皐月《ならさきこうげつ》さんが名づけたものです。

楢崎さんは終戦間もない1948年から3年をかけて、全国1万7000カ所以上におよぶ大地電位《だいちでんい》の分布実測調査《ぶんぷじっそくちょうさ》を行いました。

その結果、マイナスイオンが多く、植物がよく育つ場所を「イヤシロチ」、反対にマイナスイオンが少なく、植物があまりよく育たない場所を「ケガレチ」と名づけました。人間もイヤシロチでは健康な人が多く、ケガレチでは病氣の人が多いのだそうです。

そうなると住まいや商売をする場所などは、断然《だんぜん》イヤシロチのほうがいいですよね。そこで、誰でも簡単にイヤシロチができる手軽な方法をお教えしましょう。

それは楢崎さん考案の炭を埋める「炭素質埋設技法《たんそしつまいせつぎほう》（炭埋法《たんまいほう》）」という方法です。

まず土地の中心とおぼしき場所に直径、深さとも1メートルの穴を掘り、良質の活性炭《かっせいたん》を30センチメートル以上入れます。掘り返した土をもとに戻すと、穴の中心から半径15メートルくらいの範囲がイヤシロチになります。

活性炭には電子《でんし》が集まる特性があり、電子の集まる場所は一般的に地磁氣が高いと言われていて、マイナスイオンが多くなります。マイナスイオンが多い場所では植物がよく育ち、そこに住んでいる人も健康で、商売も繁盛《はんじょう》します。

参考までに、イヤシロチの条件はマイナスイオンが1立方センチメートル中に1000個以上、地磁氣が500ミリガウス以上、「還元電位《かんげんでんい》」が200ミリボルト以下の場所ということです。

還元電位とは電子が集まって地磁氣が高く、マイナスイオンの多い場所のことです。つまりイヤシロチのことですね。「還元」とは蘇生《そせい》するという意味で、その逆は老化を意味する「酸化《さんか》」です。

日本にもイヤシロチはたくさんあります。その代表が富士山で、写真や絵を飾るだけで運氣が良くなると言われています。また、神社仏閣《じんじゃぶっかく》もイヤシロチに建てられていることが多いようです。

イヤシロチについてもっと知りたい方は、船井幸雄さんの著書『イヤシロチ』や『イヤシロチⅡ』をご一読ください。

さて、私も自宅と治療院の間の敷地に穴を掘り、９００リットルの竹炭の活性炭を埋めてあります。イヤシロチ化を実践してからというもの、それまで以上に想いが叶うようになり、治療院にもおかげさまでたくさんの方にお見えいただいています。

電位の高いところやマイナスイオンの多いところには人がたくさん集まると言いますから、私たちの敷地《しきち》はイヤシロチ化されている証拠でしょう。ぜひ皆さんもお試しください。

幸運を呼ぶ法則
その36

簡単なイヤシロチ化は部屋の四隅に炭を置くことです。世界中をイヤシロチ化しましょう！

幸運を呼ぶ法則37

寝ても覚めても「ありがとう」「感謝します」

「ありがとう」「感謝します」は幸運な人たちの口癖《くちぐせ》です。

私も毎晩寝る前に「今日一日幸せでした。ありがとうございます」「子どもや妻、治療院のスタッフ、そして患者さんの幸福と健康に感謝します」と、祈っています。

日中も暇さえあれば「私は幸せです。ありがとうございます」「今日もすばらしい一日で感謝します」と心の中で唱えたり、口に出したりしています。一日に何百回、何千回と言っているかわかりません。そのおかげでありがたい氣持ちが自然と湧き起こり、実際に良いことがたくさん起こります。

これこそが言葉が潜在意識にインプットされ、そこに宇宙の創造力が働いて想いが実現する言霊《ことだま》の力だと思います。

最近では誰に何を言われても、すぐに「ありがとうございます」と言ってしまいます。腹の立つようなことでも、悲しいことでも、「ありがとうございます」という言葉が出てしまうのです。こうなれば、もう良いことしか起こりようがありません。

あなたも「ありがとうございます」「感謝します」を口癖にしてください。早ければ3日で大きな変化、つまり感謝するような出来事が起こります。どうぞ繰り返し、繰り返し言うようにしてみてください。必ず運が良くなり、体も健康になります。

それにしても、「ありがとう」「感謝します」という言葉は、なぜこれほどまでに良い効果をもたらすのでしょう？

それは人間の肉体が言葉による振動《しんどう》の影響《えいきょう》を受けやすいからです。

私たちの肉体は70パーセントくらいが水分です。水は振動の影響を受けやすいため、肉体も振動をともなう言葉の影響を受けるのです。中でも「ありがとう」「感謝します」のような良い言葉は血液の循環《じゅんかん》も良くしてくれます。

また、感謝するときというのは心が調和した状態にあり、調和した心は私たちの潜在意識とつながっている宇宙や神様と一体になることができるので、宇宙や神様の波動とシンクロして「ラッキー」という現象を起こします。

ラッキーとは幸運です。幸運は宇宙や神様と波長を合わせることで、まるでラジオが電波をキャッチするかのように、私たちのもとへやってきます。幸運な人たちはこれが上手で、その秘訣は感謝することだと知っているのです。

私の周りにもそういう人がたくさんいますが、その中でちょっと面白いケースをご紹介したいと思います。

彼は石上順理《いしがみよりまさ》さんといって、私の親友です。石上さんは長い間、スピリッチャルを好きになれませんでした。

ところがある日、私がプレゼントした五日市剛さんの『ツキを呼ぶ魔法の言葉』を読んだのをきっかけに、「ありがとう」という言葉の力を知り、彼のそれまでの考え方はガラリと変わってしまったのです。

「今は世界一幸せ」という石上さん本人が綴《つづ》った体験談をご紹介しましょう。


『「ありがとう」が幸運を呼ぶ』なんて幸せな本に、私のような男が登場すること自体、不思議なことです。それこそ「ありがとう」と声を大にして言いたい。

私は今現在、「世界一幸せです」と言えますが、こんなふうに思えるなんて、かつての自分には想像できませんでした。もともと私は「スピリッチャル？　はっ？」って感じのタイプで、この世に神様なんていない。神様にすがるヤツなんて氣持ちが悪い。人にすがらず、自分一人が努力しなければ偉くなれない。お金持ちにもなれない。そして自分は人からお金持ちでデキル男に見られたい。将来はベンツに乗って、高級な服を着て……。そんなふうに考えているところがありました。

でもある日、矢島さんから手渡された1冊の本が私のとがったハートをツルツルに丸くしてくれて、自分はなんて小さいことを考えていたんだろうと恥ずかしくなりました。内容は、いろいろな前置きを省けば、「ありがとう」「感謝」、ただそれだけをいつも心でつぶやいたり、声に出したりするとベターですよというだけ。正直なところ、「なんだこの話は。そんなの当たり前のことじゃない！」と思いました。今思えば、その当たり前のことが出来ていなかったんですけどね。

それでもモノは試しと思い、半信半疑で実践してみたんです。すると数日後、早くも効果が表れました。ホントなんです！　これをマインドコントロールと言うならそうなのかもしれませんが、たとえそうであっても幸せになるマインドコントロールなら、いいんじゃないかと、今は思えます。

幸せになるという意味がわかり始めました。自分が幸せだと思うとき、それは要するに、人に対して「感謝」の氣持ちが生まれ、「ありがとう」と言えたとき。そして、それが自分に返ってきたときなんですよね。物質的なものを与えるのではなく、無償の愛ってヤツをあげると、なぜか倍になって自分のところに返ってくるんですよ。「世の中、金」なんて言葉があるけど、そうじゃないみたいです。愛が世の中を変えてくれるのかもしれません。

有限会社ロングストーン　石上順理

幸運を呼ぶ法則
その37

今日は、誰かに一回は「ありがとう」と言ってもらうことを目標としましょう！

幸運を呼ぶ法則38

実相を観よう

前にもお話しましたが、私は中学生の頃、手に負えない不良少年でした。

勉強はクラスでビリッケツでしたし、毎日ケンカやイタズラばかりして警察のお世話になったこともあります。親にも反抗していました。

ところが私の母はいつもこう言ってくれたのです。

「あなたはやればできるのに、どうしてやらないのかしら」

その言葉は現在の自分の基盤《きばん》になっていると思います。なぜなら、当時の私は自分自身も「オレはやればできるけど、やりたくないから成績が良くないだけだ」と信じていたからです。

とにかく親の言うことを聞かない私でしたが、母の「やればできる」という言葉を聞くたびに、「あぁ、自分のことをわかってくれているんだな」と安心したものです。

母は私の本質（実相《じっそう》）を否定せず、そのときの仮の自分（仮相《かそう》）を嘆《なげ》いていたんですね。

母の言葉の本当の意味は「あなたはすばらしいものを持っているんだから、それを生かせばすばらしいことができるのに」ということだったのです。

そんな母の想いに応えるように、高校から突然よく勉強し始めた私は、中学生の頃、冗談で進学指導《しんがくしどう》の先生に、「オレはやればできるから、大学に行くとしたら東大か慶應《けいおう》か早稲田《わせだ》にしか行かないよ」と言ったことが現実になり慶應義塾大学に行きました。

これも母のおかげです。

さてあなたは父親か母親、あるいは学校の先生から、あなたの全てを否定するようなことを言われたことはありませんか？　例えば「おまえはバカだ」とか「おまえはできない生徒だ」と言われて、やる氣をなくしたことはないでしょうか？

もし、そういう経験をお持ちだとしたら、そのときに別の人から「あなたは本当はやればできるのに、やらないからダメなんだよ」と言われていたら、やらない自分を否定されただけで、あなたの本質を否定されたわけではありませんから、やる氣をなくさずに済んだのではないでしょうか。

かえって「自分はやればできるんだ」と自信が持てたはずです。

あなたが子を持つ親や指導者《しどうしゃ》、会社の上司ならば、人の全てを否定せず、その人の本来の才能を信じ、良くない姿は仮の姿だと思って、仮の姿を叱ってあげましょう。

良い言葉とは「感謝」や「ありがとう」などの具体的なものばかりではなく、人間には誰にでも無限の可能性やすばらしいところがあるという「実相」を感じて発する言葉です。

つまり良い言葉には、その人を信じてあげる想いやりが大切ということですね。

幸運を呼ぶ法則
その38

「キミは素晴らしい」

そう言ってあげましょう。

幸運を呼ぶ法則39

ゴミ拾いをしよう

イジメの多い学校や業績が良くない会社の共通点を知っていますか?

それは、汚れていてゴミが多いことだそうです。そのことに気づいたある小学生のお母さんが自分の子どもの通う小学校の掃除をボランティアで始めました。

最初のうちは学校側も変なお母さんの行動に呆れていたり、他のお母さん方から嫌がらせもあったようです。

しかし、そのお母さんがたった一人で続けている内に別のお母さんも手伝うようになりました。だんだんたくさんのお母さんが手伝うようになった頃、学校の先生や子供たちまで自ら進んでゴミを拾うようになりました。

そして気づいてみると、その学校は綺麗になっただけでなく朝から元気な挨拶が飛び交うはつらつとした小学校になり、当然イジメもなくなり不登校の生徒も減ったそうです。

なぜ、そんなことが起こるのでしょうか?

実は、掃除には魔法の力があるのです。

人は、自分の心の現《あらわ》れに従って環境を選びます。自分の心の中に不安や心配といったゴミが多いと、自然と自分の部屋や机の上も汚れてきます。

反対に、自分の机の上や家の中が綺麗になってくると頭の中が整理されて、不安や心配が減ってきます。自分の心は環境を作り出し、環境は自分の心に影響を与えるのです。

だから、学校や会社が綺麗になると生徒や働く人の心が整理されて、迷いというゴミが消えていくのです、心に余裕が出来て人に親切にできるようになるのです。


本当かな？　と思う方は2章でもご紹介したイエローハットの創業者である鍵山秀三郎《かぎやまひでさぶろう》さんの著者や、私の知人である志賀内泰弘《しがないやすひろ》さんの『なぜ「そうじ」をすると人生が変わるのか？』（ダイヤモンド社）を読んでみてください。

きっと、掃除をすると人生が上手くいくことに気づくでしょう。


私もオリンピック選手を目指している人や夢や目標がある人には必ずゴミ拾いを勧めています。

ゴミを一つ拾うと幸運が一つ増え、ゴミを一つ捨てれば幸運が一つ減ります。

たった一つのゴミを拾う行動があなたの家庭を変え、学校を変え、会社を変え社会を変えていくのです。
大きな事をやることは立派ですが、小さな徳《とく》を積み続ける方がもっと大切です。
人生を好転する方法は皆さんの手の中にあるのです。
皆さんも落ちてるゴミ、拾ってみませんか？

幸運を呼ぶ法則
その39

ゴミを一つ拾えば幸せに氣づき、
ゴミを一つ捨てれば幸せも捨ててしまう。

幸運を呼ぶ法則40

自他一体の心を持とう

私たちが生きている間には、いろいろなことが起こります。

時には深刻な病氣やトラブルに見舞われることもあるでしょう。

そんな不幸な出来事にあわないための一番の方法をご存じですか？　それは「天地一切のものと和解する」こと、つまり全ての人と仲良くすることです。

人も動植物も、この世に生きとし生けるものには全て魂があり、それらが「調和」して世の中は成り立っています。

調和は私たちに一体感をもたらします。一体感は自分も他人も動物も植物もみんな一つなのだという感覚を、あなたの心の奥底から呼び覚ましてくれます。

この自他一体感があるからこそ、人は困っている人を助けたくなりますし、喜んでいる人がいたら一緒に喜んであげたくなるのです。

これこそが天地一切のものと和解するということ、すなわち自他一体の心を持つということです。

人は自他一体感を失うと調和できなくなり、孤立してしまいます。そういう人は病氣になったり不幸な目にあったりします。

もし、あなたが病氣や不幸で苦しんでいるといたら、知らず知らずのうちに誰かと和解したり調和したりする心が欠けていたのかもしれません。それこそがあなたを苦しめている本源ですから、調和の心を思い出し、周りにある全てのものと和解してください。

思えば人間は他の動物のように、生まれてすぐのうちは独りで生きていけません。

誰もが1歳や2歳になるまでお母さんにお乳を飲ませてもらったり、服を着せてもらったりしているのです。

では、なぜ人間は人の手を借りなければ生きていけないのでしょうか?

それは、人は誰かの協力なしに生きていけない、どんな人も助け合いによって成長するのだという自他一体感を学ぶためです。

ですから、どんな状況にあっても「私は独りで生きてきた」などと言わず、天地一切のものと和解してください。

これまで大変な人生を歩んでこられた方もおられるでしょう。

ですが、そういう人こそ、「自分にはそれだけの苦しみに耐えられる器があったから、試練に挑戦させてもらえた」と考えてください。

過去にとらわれず自他一体の心を持ち、感謝と笑顔で生きましょう。そうすれば全てがうそのように上手くいくようになります。

幸運を呼ぶ法則

その40

自分のトラウマを解消する方法は、父母を許すことです。

幸運を呼ぶ法則41

イメージトレーニングをしよう

イメージトレーニングはあなたの想いを実現したり、発想を豊かにしたりするのに有効な手段です。

イメージトレーニングによって固定観念《こていかんねん》という意識の壁が取り払われ、自由な発想ができるようになります。そのためには「変性意識《へんせいいしき》」という意識状態に入ることが大切です。

下の図を見てください。変性意識とは3段階に分けられる人間の意識状態のうちのある範囲のことで、普通に生活しているときに活動しているのが「意識」、意識の奥にあるのが「無意識（潜在意識《せんざいいしき》）」、さらに無意識の奥にあるのが宇宙意識と呼ばれる「集合的意識」です。

例えば、あなたが仕事の成功を望んでいるとしましょう。自分の成功した姿を繰り返しイメージし、「自分は成功する」と言葉にすることで、あなたの想いは実現に向かいますが、これを通常の意識状態で行うと、過去の失敗体験や「自分には無理かもしれない」というネガティブな考えが浮かんできてしまい、成功のイメージを邪魔しがちです。しかし変性意識状態になると現実にとらわれることなく、自由にイメージを膨らませることができるので、潜在意識にインプットしたことが現実化する、つまり想いが実現しやすくなるのです。

想いを実現するのに否定的な考えは禁物です。具体的なイメージトレーニングのやり方をお教えしましょう。

イメージトレーニングのやり方

①リラックス――

全身の力を抜いてリラックスしましょう。一度、全身に力を入れ、一氣に脱力。これを3回繰り返しましょう。次に、両手を高速で10秒間振って、手にビリビリした感覚を感じてください。

②呼吸――

目をつむり、吐いて、吸って、止めるを5秒ずつ10回繰り返しましょう。

③イメージ――

昨日食べた食事から思い出し、だんだんとなりたい自分が、まるでそうなったかのようにイメージしましょう。過去完了形で行うのがコツです。

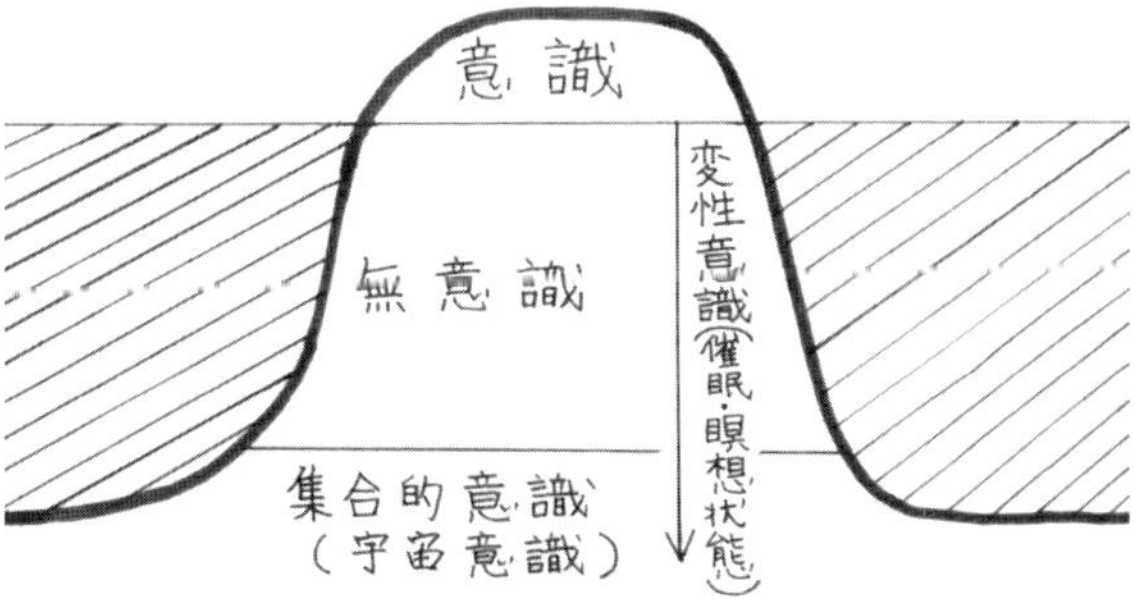

意識の種類

私がお付き合いさせていただいているスポーツ選手や一芸に秀《ひい》でた有名人も、このイメージトレーニング法を実践し結果を出しています。たくさんの種目で日本チャンピオンやオリンピック選手、さらには有名人を出しました。（先にご紹介した、北京・ロンドンオリンピックに出場した上田藍選手は、催眠トレーニングを行い結果を出しています。）

もちろん目標の種類によって実現までの時間は異なりますが、毎日コツコツとイメージトレーニングを続けることが大事です。すぐに効果が出ないからといって、あきらめないでください。

上手くイメージできるかどうかは、あなたのリラックス次第でもあります。部屋の明かりを落としたり、アロマやお香などをたいて香りを工夫したりして、リラックスできる環境を整えましょう。副交感神経が優位になって、精神状態が落ち着きます。

それでもあまり上手くいかないという方は、私もセミナーを開催していますので、ご興味のある方はぜひ参加してみてください。（※個別指導も行っております。）

幸運を呼ぶ法則
その41

イメージする時間を持つと、リラックスしたり記憶力がアップします。

幸運を呼ぶ法則42

イメージを実現しよう

イメージトレーニングであなたの想いを自由にイメージできるようになったら、それを実現させましょう。

世の中の幸運な人たちは、どんどんイメージを実現して思った通りの人生を歩んでいます。そもそもイメージが実現するというのは世の中の法則ですから、あなたにもできることなのです。

さて、あなたは今、現実の社会に生きています。現実の社会で起きているさまざまな出来事は、単なる偶然が重なっているわけではなく、一人一人のイメージや想いが集積した結果だということをご存じでしょうか？　例えるならイメージのフィルムが何枚も重なって、現実社会というスクリーンに投影されているようなものです。現実社会はまるで映画のスクリーンです。

身近な例で言いますと、サッカーの試合はホームで行われるときとアウェーで行われるときがあって、もちろんホームの試合のほうが有利なわけですが、それはアウェーよりも応援が多く、選手たちの励みになっているからと思われています。もちろんそれもありますが、実はホームのほうがチームの勝利を願うサポーターのイメージ力が強いので、「勝ち」が実現するというのが本当のところです。イメージは鮮明《せんめい》であればあるほど実現しやすいので、想いを形にしたければイメージ力の強化が欠かせません。

そのためにはイメージトレーニングの方法でもご紹介したように、リラックスして、なりたい自分を明確にイメージするのです。そのときには潜在意識（無意識）と呼ばれる深い意識の中にイメージを入れ込むようにしましょう。

現実はイメージの集大成！

最初のうちは市販されているイメージトレーニング用のＣＤ（右脳教育の第一人者で、「七田チャイルドアカデミー」の主宰者としても有名な故 七田眞さんのＣＤがおすすめ）をつかうと効果的です。私もイメージトレーニングの練習につかっています。また、イメージ力を磨く簡単な方法として、就寝前に翌朝の起床時間を設定し、自分が早起きをする姿をイメージして、その時間に起きるようにするのも良いトレーニングです。

イメージトレーニングを続けることで、イメージを実現させる能力は確実に高められます。すぐに効果が表れなくても氣にすることはありません。その場合は比較的、実現しやすいことをイメージし、成功体験を積んでください。そうすることで自信が持てるようになり、ネガティブな考えにとらわれることなくイメージできるようになります。

ライフセーバーの林昌広《はやしまさひろ》選手は全日本チームのキャプテンを務めた実力の持ち主ですが、2005年から2年間、優勝から遠ざかった時期がありました。

そこで取り入れたのがイメージトレーニングです。林選手は「見えない力」を信じて根氣よくトレーニングを続けました。その結果、ライフセービング競技の花形種目と言われるアイアンマンレースで優勝し、再び自信を取り戻したのです。

そのときのことを林選手が、こんなふうに話してくれました。

2年間ほど優勝から遠ざかっていた私にとって、「見えない力」を認識することはさほど難しいことではありませんでした。なぜなら、それまでの練習のほかに何かが足りないと感じていたからです。でも、それが何なのかはわかりませんでした。

そんなとき矢島先生の度重《たびかさ》なるアドバイスにより、それが内面的なものであることがわかったのです。そこから自分なりのイメージトレーニングが始まりました。最高のイメージを頭にはっきりと描き、自分がどうすべきかを考えるのです。

例えば、「全日本選手権で優勝しました。皆さん、ありがとうございました」と自分の中に最高の結果をつくるのです。ゴールシーンからコメントまで全てをイメージして、そうなるためには「今、何をなすべきなのか」を考えます。すると、「これが足りない」ということが感覚でわかってきて、あとは優勝に向かって課題を克服していくだけになりました。

矢島先生には運をつけるための方法も教えていただきました。はじめのうちは半信半疑《はんしんはんぎ》でしたが、やり続けていたら本当に運が向いてきたのです。周りがよく見えるようになって、なにげない景色や音に氣づけるようになりました。そうなってくると不思議なことに練習にも集中できるようになりました。

私たちのようなアスリートが連勝や複数回の勝利を手にしようとするとき、「勝つぞ!」というギラギラした氣持ちだけでは限界が来てしまいます。私の場合は矢島先生の教えにより、考え方や感じ方を変えることで氣持ちが前向きになり、自分の可能性を信じることができました。事実2007年シーズンのタイトルは全て獲得《かくとく》しました。

皆さんも、できることから始めてみてください。よくわからないという方は共感できるところからでいいと思います。やがて段階を踏んでわかるようになってきます。そのときには楽しくて仕方がないですよ。

ライフヒーバー　林昌広

さぁ、「善は急げ！」です。どんどんイメージを実現して、あなたも幸運な人になってくださいね。

幸運を呼ぶ法則
その42

この世はイメージの集積で成り立っています。繰り返しのイメージが運命を変えるのです。

幸運を呼ぶ法則 43

腕振り体操のススメ

手軽にできる健康体操として人氣なのが「腕振《うでふ》り体操」です。

場所や時間を問わず、お金もかけずに健康になれるというのですから、人氣になるのもうなずけます。各界の著名人やセレブと呼ばれる有名人たちもやっている健康法です。私も毎朝300回やっています。

腕振り体操は電気通信大学の教授で工学博士の関英男《せきひでお》先生が考案《こうあん》したもので、関先生の「グラビトニクス理論」がもととなっています。グラビトニクス理論とは、非常に高い周波数帯域の波動である「グラビトン（重力波《じゅうりょくは》）」が人間や動植物、宇宙空間にいたるまで、あらゆるものに影響を与えているという理論です。

腕振り体操はグラビトンを発生増幅《ぞうふく》させるといいます。マイナスイオンも集まるので、体に良いのです。また、体に良くない活性酸素《かっせいさんそ》を中和させる効果もあるので若返りも期待できます。では、さっそくやってみましょう。

腕振り体操のやり方

①両足を肩幅に開いて立ちます。

②両腕を揃えて肩の高さまで持ち上げます。このとき指を開き、手のひらは内側へ向けてください。

③両腕を勢いよく後ろへ振り出し、反動を利用して前方の元の位置に戻します。これを繰り返し行います。

健康維持のためには１日３００回程度、病氣治療のためには１日２０００回程度行うと良いでしょう。時間の目安としては約７～８分で３００回といったところでしょうか。

その他の注意点として、両ひじは真っすぐ伸ばし、目線も真っすぐ前に向け、リラックスを心がけましょう。最も効果的な時間帯は夜明け前と言われています。裸足になると、さらに効果がアップします。マイナスイオンは皮膚から吸収されるからです。

何もせず健康になりたいというのはムシのいい話で

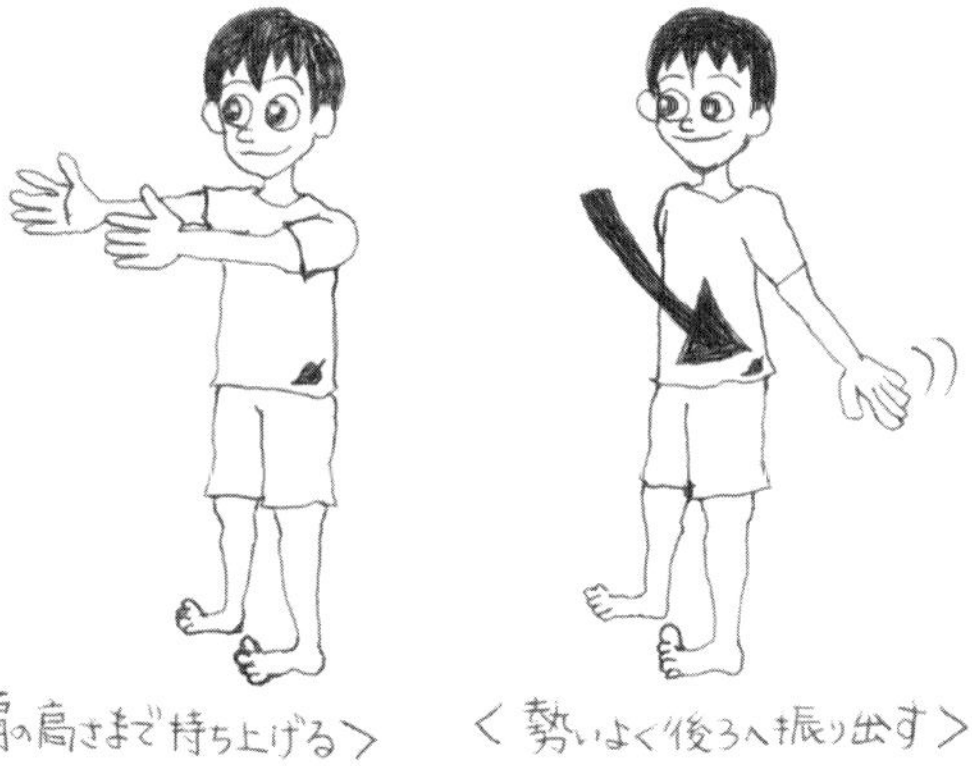

腕振り体操のススメ

すね。本を読んで知識を詰《つ》め込むだけでは健康になれません。とにかくやってみてください。何事も実践あるのみです！

なお、関先生はすでにお亡くなりですが、生前はガンを患《わずら》われていたにもかかわらず、晩年には完全治癒し、96歳まで長生きされました。腕振り体操の効果は絶大ですね。

幸運を呼ぶ法則
その43

毎朝、日の出に向かって腕振り体操をしましょう。

幸運を呼ぶ法則44

オーリングテストのススメ

欲しいものが複数あり、どれにしようか迷うことってありますよね。

そんなとき即座《そくざ》に決められる方法があったら便利だと思いませんか？　それが今からご紹介する「オーリングテスト」です。

医学博士の大村恵昭《よしあき》先生が研究開発したオーリングテストは、１９９３年にアメリカで特許を取得しました。大村先生は、人間の筋肉には自分の体に良いものと良くないものを見分ける力があることを発見したのです。

ヒントは筋肉の動きでした。人間の筋肉は自分にとって良いものに触れると軟らかくなって力が強くなり、反対に自分にとって良くないものに触れると硬くなって力が弱まります。

大村先生はこれをベースにオーリングテストを編《あ》み出しました。親指と人差し指の先をくっつけて輪をつくるので、「オーリング」とネーミングされています。

では、さっそくオーリングテストのやり方をお教えしましょう。

オーリングテストのやり方

①利き手の親指と人差し指の先で輪をつくります。

②反対の手で選択の対象となっているものに触れます。

③輪をつくっている指を誰かに引っ張ってもらいます。輪が開かなければ、あなたにとって良いもの、輪が開いてしまったら、あなたにとって良くないものです。

私の教室では「ありがとう」「感謝します」などの良い言葉を書いた紙と、不平不満などの良くない言葉を書いた紙を用意して試してもらっています。言葉も波動を出しているので効果が表れます。

紙は小さく折りたたんでしまうので、どちらに何が書いてあるかわかりませんが、オーリングテストをしてみると、初めて挑戦した人でも8割くらいの方が正しい結果を出します。正しい結果とは、つまり良い言葉の紙を握ると指の輪は開かないということです。良い言葉はあなたの筋力さえも強くするのです。

他にもタバコや電子レンジなど体に良くないものに触れると力が入らず、輪は開いてしまいます。オーリングテストは回数を重ねるうちに、一人でもできるようになりますから、ビタミン剤を決めるときや何かに

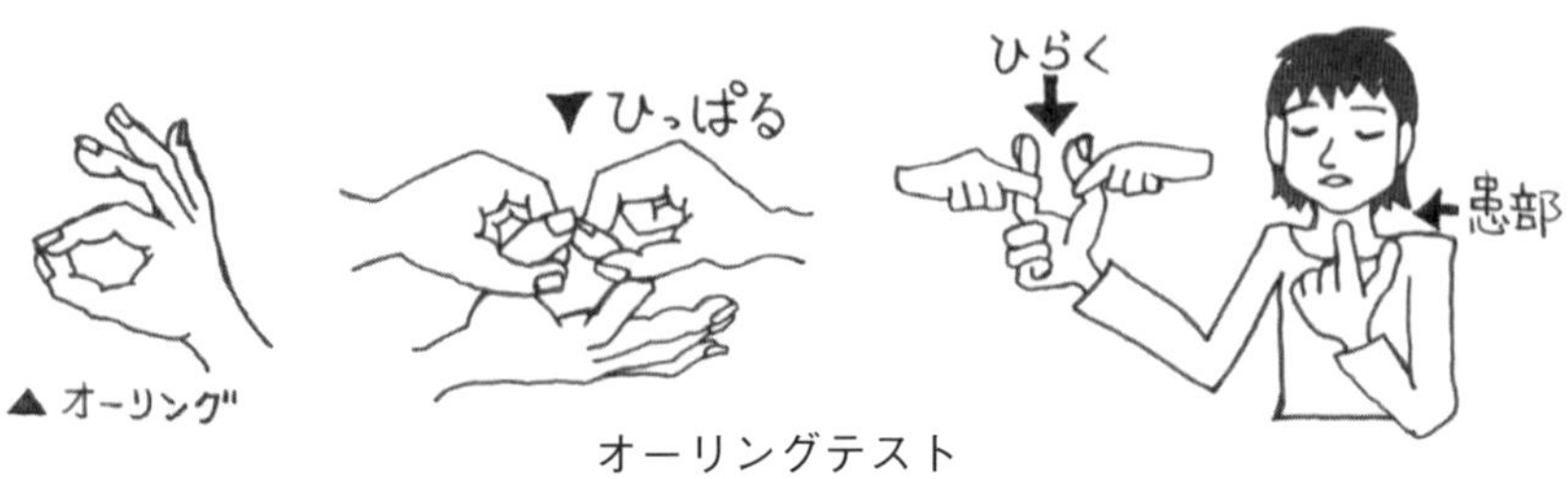

オーリングテスト

迷ったときにつかうと便利です。自分の体の痛いところに触れてもオーリングは開きます。

人間はもともと、自分にとって何が必要で何が必要でないかをわかっていたのだと思います。ところが情報化社会になり、ストレスの多い社会になったことで、内にある能力をつかわなくなってしまったのでしょう。

これからの時代は「直感」と「感性」がものを言うと、私は思っています。あなたもオーリングテストを利用して自分の内面が知っている情報をキャッチし、より良い人生を選びませんか？　その先に待っているのは、そう、幸運な人生です。

幸運を呼ぶ法則
その44

オーリングテストを身につけ、
自分に必要なものを見分けましょう。

7章

本当の幸せって何？

幸運を呼ぶ法則45

幸せって何？

唐突ですが、「幸せ」って何でしょうね。幸せって誰が決めるんですかね？

もちろん生きていくうちには嫌なことも良いこともあるでしょう。それは魂を向上させ、人として生長し、何かに氣づくためだと思います。

嫌なことがあるからこそ、良いことをありがたく感じることができますし、腹の立つことがあれば、どうして怒ってしまったのだろうと、相手を許せなかった自分の内面の弱さに氣づくことができます。また、悲しい想いを経験すれば、人が悲しんでいるときに優しい声をかけてあげられるようにもなります。


つらいことがあったり嫌なことがあったりするのは、幸せが訪れる「前ぶれ」なんだと思います。

どんなにつらくても悲しくても、「これは嵐のようなもので、もうすぐ終わる。そして、この後には今までに経験したことのないような幸せがやって来る」と考えれば、心は前向きになり、幸せに近づけるような氣がします。

私は、幸せな人とは「前向きに笑顔で生きている人」のことだと思います。だから私も前向きに、いつでも笑顔でいることを心がけていますし、幸運な人生を手に入れた人、あるいはこれから手に入れるだろう人は、みんなそうです。

もし誰かに「あなたは幸せですか？」とたずねられたら、「あなたは前向きに、笑顔で生きていますか？」と訊《き》かれたと思って、「（はい、前向きに笑顔で生きています。だから）幸せです」と答えられるようになりましょう。

そう言えれば、あなたは幸運な人です。

いかがですか？　あなたは幸せですか？

幸運を呼ぶ法則
その45

「辛い」時に、笑顔で一歩進んでみると「幸せ」になる。

幸運を呼ぶ法則46

幸せは受け入れることからはじまる

次は、私の敬愛する東北の牧師さん、田中信生さんの講演CDに入っているお話をご紹介します。

その夫婦はロサンゼルスに住む日系の方でした。結婚して、子どもが生まれるのを楽しみにしながら、1年、2年、3年・・・。でも、なかなか子どもを授かることはありませんでした。

やがて10年たち、夫婦とも「子どもは、もう無理かもしれない」と諦めかけていました。13年目が過ぎた時、やっと念願の子どもを授かりました。

夫婦は出産の日を楽しみに待ちました。出産当日、ご主人が生まれたばかりの赤ちゃんを満面の喜びで抱き上げました。

「あ、可愛い〜!!」

そう思った瞬間、ご主人は、動けなくなってしまったそうです。なぜか?

実は、その赤ちゃんは、見るもかわいそうな奇形児だったのです。

奥さんが、「早く！　早く！」と言って抱きたがっていました、何と言っていいかわからず、声の出ないご主人は、そのまま奥さんに赤ちゃんを見せました。すると奥さんは、一瞬だけ顔を曇らせたような表情をしましたが、すぐに、「ねえ、あなた、神様がこの赤ちゃんをどの夫婦に預けようか、どの夫婦に授けようか、何年も何年も地球をお周りになったので、こんなに年月を要されたんですね」と言いました。

そして一言、「でも、この夫婦なら大丈夫。私たちなら、大丈夫。と信頼されて、この子を託されたのよ。ねえ、あなた、しっかり育てましょう」と言ったそうです。

米沢興譲教会　田中信生牧師

やっと生まれてきてくれた子どもに障がいをあったら・・・。私に、このお母さんのように言えたかどうか自信はありませんが、受け入れることの大切さを再認識させてくれるお話です。

幸運を呼ぶ法則
その46

まず何事も受け入れてみよう。

幸運を呼ぶ法則47

生きていられることの幸せ

世界には5歳までに亡くなってしまう子どもが、1年間にどれくらいいると思いますか？

日本ユニセフの発表では、2012年に5歳未満で死亡した子どもは、推定で約660万人。いまなお、毎日1万8000人、4・8秒に一人の幼い命が失われているそうです。

そして、その半分は栄養失調です。さらに、約7億9500万人（9人に1人）が、健康で活動的な生活を送るために必要かつ十分な食糧を得られていません。

このような世界の現状を私に教えてくれたのは、カメラマンとして世界中で活躍している池間哲郎さんです。ある時、池間さんがフィリピンのゴミ山に住んでいる6年生の女の子に、「あなたの夢は何ですか？」と聞くと、「私の夢は大人になるまで生きること」と答えたといいます。

当時、このゴミ山には3万人以上の人が暮らしていたそうですが、15歳まで生きられるのは、わずか3人に1人だったそうです。

私もこの冊子をきっかけに、2012年にフィリピンの山奥でボランティア活動に参加しました。そこには家もなく、山の中から裸足で食料をもらいに来る人たちが大勢いて、私自身、衝撃を覚えたものです。

池間さんが発行している小冊子『懸命に生きる子どもたち』の中に、こんなお話が載っています。

これは、フィリピンの「スモーキーマウンテン」と呼ばれるゴミ山で出会った子どもたちをピクニックに連れて行った時の話です。私は子どもたちにお弁当を用意して行きました。

昼食の時間になり、子どもたちはお弁当のフタを開けました。

すると、それまで食べたこともないようなご馳走を見て、みんな大喜び。「すごい！」と言って、ジャンプしている子もいました。

しかし、突然、あることが起こりました。全員がお弁当のフタを閉じてしまったのです。誰も一口も食べてくれないのです。

私がずっと黙っていたら、6歳くらいの小さな女の子が、私の前にトコトコトコと寄ってきて、泣きそうな顔で、「おじさんにお願いがあります」と言いました。

「何ですか？」と聞くと、この少女は「こんなご馳走は、私一人で食べることはできません。だから家に持って帰って、お父さんとお母さんと一緒に食べてもいいですか？」

と言うのです。

子どもたち全員が同じ気持ちでした。

結局、誰も一口も食べないで、全員お弁当を持ち帰りました。貧しくても、家族の絆は強いのです。

池間哲郎さん：ＮＰＯ法人アジアチャイルドサポート

日本にも心優しい子どもたちが、まだまだたくさんいます。私たちもこういう優しい思いやりのある子どもを社会全体で育てていきたいものです。

幸運を呼ぶ法則
その47

人それぞれに幸せのカタチがある。

おわりに ～幸せはみんなで分かち合うもの～

皆さん、この本を最後まで読んでくださり本当にありがとうございます。

最近、私の施設には大勢のうつ病の方やコミュニケーションの問題を抱えている方が相談にやって来ます。それらのストレスの根本原因は何だと思いますか？

ストレスに関する研究をしていたカナダ人の生理学者ハンス・セリエによると、原因は「思いやり」不足だそうです。

思いやりとは相手の立場に立って物事を考え、相手の全てを受け入れることだと、私は思います。

でも考えてみると、これだけ裕福な日本で生きている中で、人はどうやって思いやりを身に付けていくのでしょう。実はとても難しいことなのではないでしょうか。

昔は戦争があったりして食べる物もなく、家族みんなが助け合って生きていました。食べ物を分け合い、困っている人がいたら助けてあげることが普通でした。

ところが現代の私たちは、たくさんの物に満たされています。そのような環境の中で、人を思いやる心を養うのは並大抵ではないかもしれません。

私がこの本を書いたのは、平和であることは当たり前ではない、世界には私たち日本人のように裕福な人ばかりではないということを知っていただきたかったからです。

思いやりとは一見、無駄や損だと思うような行いです。

でも、無駄に見える親切をして損をしたような気分になったとしても大丈夫。安心してください。神様は必ず見ていて、思いやりを実践している人は必ず幸せになります。ただし見返りを求めてしまうと、それは思いやりではなくなってしまいます。

思いやりは、見返りを求めないで与えることなのです。そうやって、無駄や損だと思うようなことをたくさんしていくうちに、神様がご褒美をくださるのだと思います。

思いやりに満たされた世界、それこそが「天国」というのではないでしょうか。天国は、どこか遠いところにあるのではなく、私たちが思いやりを持って生きていくうちに創られていくのです。

聖書の中にこんな言葉があります。

「神様を見た者は誰もいない。しかし、あなたが思いやりを持って生きると、神が見え、そこに天国が生じる」

いかがですか？　幸せは与えることからしか得られません。けれど与えて、無駄をして、損をすると、「本当に良いことがあるのかな？」と何だか不安になりますよね。

そんな時は、この本の中でご紹介した田中信生牧師の「もやしは3日ですぐに生えてくる。しかし、りんごは長い期間待たないと実がならない」という言葉を思い出してください。大きな成功や喜びを求めようとするのならば、忍耐強く続けることです。

優しくできない人には、優しくしてあげてください。

文句ばかり言う人には、その方の話を聞いてあげてください。そうやって、相手を受け入れることがとても大切です。

もし、あなたが無駄や損をたくさんしていると思ったり、どうしても上手くいかずに悩んでいることがあったりするのなら、少しだけ目をつぶり深呼吸してみてください。

5秒息を吐いて、5秒吸う、5秒止める深呼吸を8回繰り返すのです。

深呼吸が終わったら目を閉じたまま、自分の中の神様に好きなことを質問しましょう。質問は前向きなほうがいいですよ。

そして、質問が済んだら静かに目を開けてください。

それから次のページをめくると、そこに答えが書かれています。

まだページをめくってはダメですよ。

まずは深呼吸をして。

さぁ、どうぞ。

大丈夫です
全て上手くいきます

私はこの本を100万人の方々が読んでくだされば、日本から世界を良い方向に変えていくことができると信じています。ですからこの本を読み終えたら、どうか私のホームページを訪れコメントを残してください。

「矢島実ホームページ（モミモミカンパニー）」http://www.momimomi.jp/

ぜひ日本や世界を良くするために、ご協力をお願いします。

最後に、本書を作成するにあたり多大なご協力をいただいたライターの高樹ミナさん、ごま書房新社代表の池田雅行さん、編集部の大熊賢太郎さんに心から感謝とお礼を申し上げます。本当にありがとうございます。感謝しています。

そして、こんな自由な私につき合ってくれている妻の幸枝と四人の息子、幹大と空と光満と大耀に感謝します。また、私の会社のみんなとそのご家族に心から感謝します。心から「愛しています」ありがとうございます！

感謝

2018年2月吉日

矢島　実

〈矢島実が読んで、感動した本〉

『人生の作法』鍵山秀三郎／著　亀井民治／編（PHP）

○イエローハット創業の鍵山秀三郎さんに「真」の経営を学べます。

『七田式子どもの才能は親の口グセで引き寄せる！』

七田厚／著（青春出版社）

○いつもお世話になっている七田厚さんの素晴らしい本です。

『5分で涙があふれて止まらないお話』志賀内泰弘／著（PHP）

○志賀内さんの本には、いつもいつも泣かされます。

『万人幸福の栞』丸山敏雄／著（新世書房）

○中小企業の皆さんが学ぶ「倫理法人会」のバイブルです。

『私が一番受けたいココロの授業』

比田井和孝＆美恵／著（ごま書房新社）

○とにかく泣けます。学生や20代の人におススメです。

『日本一心を揺るがす新聞の社説』水谷もりひと／著（ごま書房新社）

○全国に感動を届ける「みやざき中央新聞」に掲載されたいい話だけを抜粋。

『ココロでわかると必ず人は伸びる』木下晴弘／著（総合法令出版）

○保護者の方、教育者の方に絶対お勧めです。

『魔法の日めくりメッセージ』辻中公／著（ごま書房新社）

○子育て中のお母さん必読。子どもが幸運に育ちます！

『「き・く・あ」の実践』小林正観／著（サンマーク出版）

○「ありがとう」の大切さがとてもよくわかる本です。

『あなたも魔法使いになれるホ・オポノポノ』

滝澤朋子／著（Banksia Books）

○ホ・オポノポノについて、すごくわかりやすい本です。

著者　矢島実の最新情報

○矢島実のLINEメルマガ

矢島実の健康や自己啓発の特典無料動画や、心と体の最新情報を毎週「ライン@」で配信中!!　是非、ご登録してお読みください。発達障害やうつ病、不妊などでお困りの方にも役立つ情報があります。

スマホの方はこちら➡

☆**LINE　ID：「@lbm9501x」**

https://line.me/R/ti/p/%40lbm9501x

○矢島実のセミナー・講演情報、講演ご依頼はこちら

教育機関、医療・福祉関係者らへの自己啓発、人材育成、経営改善を全国で開催。また、子育てや児童発達支援などの分野でも活躍中。

http://www.momimomi.jp/15179496366956

スマホの方はこちら➡

○矢島実の「矢島塾」

数々のオリンピック選手や著名人を育てた「法則」を伝える「矢島塾」に興味がある方は、是非こちらをご覧ください。
様々な著名人、企業で活躍している方々をご紹介するだけでなく、当社の人財育成法をすべて公開致します。

スマホの方はこちら➡

http://www.momimomi.jp/15180140564024

○矢島実の無料冊子『涙と感動が幸運を呼ぶ』

（無料・在庫ある限り）

スマホの方はこちら⬇

すでに6万人が読んで涙したオリジナル小冊子（非売品）を、いま在庫がある分だけプレゼント中。ご希望の方はこちらからお申込みください。

http://www.santa369.com/571050545

<著者プロフィール>

矢島 実（やじま みのる）

株式会社モミモミカンパニー代表取締役。癒しの治療空間「aqua」代表。児童発達支援事業所「サンタクロース」グループ代表。一般社団法人発達改善支援協会代表理事。

1969年東京都生まれ。慶應義塾大学理工学部卒。メンタルアドバイザー、鍼灸マッサージ師、リオデジャネイロに続き東京オリンピック選手のメンタルトレーナー、アーティストのコンサートメディカルスタッフなど、幅広い分野で活躍中。

本業のかたわら、スポーツ選手や医療・福祉関係者らへの“ココロのセミナー”を全国で開催し、絶大な支持を誇る。現在は児童発達支援にも力を入れ、わずか数年で千葉では随一の改善例を誇るサービスと施設を築く。

著書に累計3万部のヒット作『最新版　ありがとうが幸運を呼ぶ』『「涙」と「感動」が幸運を呼ぶ』（共にごま書房新社）がある。

●矢島実HP（モミモミカンパニー）※講演・セミナーのお問い合わせもこちらへ
http://www.momimomi.jp

●一般社団法人発達改善支援協会
http://www.kaizenshien.com

●☆矢島実の公式メルマガ『運氣が上がる「奇跡のメルマガ」』
http://www.mag2.com/m/0000242684.html

幸運を呼ぶ「ありがとう」のチカラ

著　者　　矢島 実
発行者　　池田 雅行
発行所　　株式会社 ごま書房新社
〒101-0031
東京都千代田区東神田1-5-5
マルキビル7階
TEL 03-3865-8641（代）
FAX 03-3865-8643
カバーイラスト　　重久 加織
印刷・製本　　倉敷印刷株式会社

ISBN978-4-341-13259-0 C0030